Nas periferias do mundo

Fé – Igreja – Sociedade

Francisco de Aquino Júnior

Nas periferias do mundo

Fé – Igreja – Sociedade

Dados Internacionais de Catalogação na Publicação (CIP)
(Câmara Brasileira do Livro, SP, Brasil)

Aquino Júnior, Francisco de
   Nas periferias do mundo : fé, Igreja, sociedade / Francisco de Aquino Júnior. – São Paulo : Paulinas, 2017. – (Coleção teorama)

ISBN: 978-85-356-4296-4

1. Concílio Vaticano (2. : 1962-1965) 2. Fé 3. Igreja e pobres 4. Teologia da libertação I. Título

17-03676   CDD-261.8

Índice para catálogo sistemático:

1. Teologia da Libertação : Cristianismo   261.8

1ª edição – 2017
1ª reimpressão – 2018

Direção-geral: Flávia Reginatto
Conselho editorial: Dr. Antonio Francisco Lelo
Dr. João Décio Passos
Maria Goretti de Oliveira
Dr. Matthias Grenzer
Dra. Vera Ivanise Bombonatto
Editores responsáveis: Vera Ivanise Bombonatto
e João Décio Passos
Copidesque: Mônica Elaine G. S. da Costa
Coordenação de revisão: Marina Mendonça
Revisão: Equipe Paulinas
Gerente de produção: Felício Calegaro Neto
Projeto gráfico: Manuel Rebelato Miramontes
Capa e diagramação: Claudio Tito Braghini Junior

Nenhuma parte desta obra poderá ser reproduzida ou transmitida por qualquer forma e/ou quaisquer meios (eletrônico ou mecânico, incluindo fotocópia e gravação) ou arquivada em qualquer sistema ou banco de dados sem permissão escrita da Editora. Direitos reservados.

Paulinas
Rua Dona Inácia Uchoa, 62
04110-020 – São Paulo – SP (Brasil)
Tel.: (11) 2125-3500
http://www.paulinas.com.br – editora@paulinas.com.br
Telemarketing e SAC: 0800-7010081
© Pia Sociedade Filhas de São Paulo – São Paulo, 2017

*Ao Pe. Djavan,
irmão-companheiro,
profeta do Reino na região
de Potiretama – sertão do Ceará*

Sumário

Prefácio 9
Introdução 13

Seção I

Capítulo I
A fé como seguimento de Jesus Cristo 19

Capítulo II
"Uma Igreja pobre e para os pobres" 51

Capítulo III
Fé e justiça 79

Seção II

Capítulo IV
Igreja e política à luz do Concílio Vaticano II 95

Capítulo V
Diálogo inter-religioso por uma cultura de paz 125

Capítulo VI
Cristianismo numa sociedade plural 145

Capítulo VII
Pastoral social 167

Prefácio

Vivemos uma mudança de época. As transformações socioculturais se sucedem com alucinante rapidez. Instituições tradicionais se veem questionadas, sejam elas a família, o ensino, o mundo da política, sem falar da Igreja. Nota-se a falta de referências sólidas, substantivas, que orientem nesta aventura que é, afinal, a vida humana. Daí a fragilidade dos discursos, o desaparecimento das ideologias transformadoras, o ceticismo com relação a um futuro melhor para nossos pósteros, o agravamento das diferenças sociais, a explosão da violência urbana, a resignação impotente diante da globalização econômica, a intensificação do terrorismo, a fuga para a distração numa sociedade de farto entretenimento e intenso consumo. O individualismo cultural invade todos os setores da vida, descrente da classe política e crítico diante da diversidade de mensagens de cunho religioso oferecida pelas Igrejas, mais preocupadas com seu bem-estar e autoajuda.

Naturalmente este quadro deve ser completado pelo esforço e mesmo pela abnegação de muitos dos nossos contemporâneos empenhados em amenizar os sofrimentos de seus semelhantes, pelo surgimento de entidades voltadas para a ação social, pela aproximação dos povos e das religiões na promoção da paz no mundo, pelo aumento de uma consciência social em todo o planeta.

Do ponto de vista religioso constatamos que a secularização da sociedade não significou uma secularização dos seus membros, pois a busca do sagrado enquanto ponto de apoio e de sentido para a vida pode se encontrar por toda parte. Sagrado ambíguo, entretanto, procurado também como solução mágica para alívio da carga de padecimentos e revezes que a vida reserva para muitos em nossos dias. Mas podemos verificar também uma autêntica busca por Deus, um pouco errante por não captar a linguagem tradicional que lhe é oferecida e não estar devidamente formada para discernir nas novas expressões ao seu alcance o que é realmente autêntico ou espúrio.

Diante deste quadro de fundo e tendo presente a carência crônica no setor da alimentação, da educação, da saúde, do emprego, da segurança em que vive a maioria da população da América Latina, aparece claramente a importância deste livro que o leitor tem em mãos. Pois ele retoma, numa ótica mais ampla e mais experiente, os objetivos almejados pela teologia latino-americana dos últimos anos.

Em primeiro lugar traz a imagem correta de Deus, do Deus de Jesus Cristo, de um Deus que tem um projeto para a humanidade a ser realizado no curso da história, tendo sua plenitude definitiva na vida de eterna felicidade. O projeto visa fazer da humanidade uma só família, a família de Deus, na qual amor e justiça, partilha e fraternidade sejam seus valores básicos. Toda a vida de Jesus foi anunciar este Reino de Deus e, para tal, ele deu a própria vida. Ter fé em Deus é, sobretudo, acolher o projeto de Deus na própria existência, e os que o fazem se tornam seus discípulos e constituem a comunidade dos fiéis que chamamos de Igreja.

Certamente um Deus que nos desinstala, que nos abre para o outro, que não pode ser invocado e adorado nos limites de uma piedade individualista, mas que é experimentado exatamente na doação ao semelhante a que somos conduzidos pela ação de seu Espírito em nós. E consequentemente a comunidade dos seguidores, a Igreja,

não pode ignorar em sua missão evangelizadora o imperativo social inerente ao próprio Evangelho. Portanto, não pode se eximir de uma presença atuante na sociedade em vista do projeto de Deus, mesmo que isto signifique uma atitude crítica que a prive das benesses dos poderosos.

A opção pelos pobres, pelos excluídos, pelos menosprezados da sociedade surge assim como uma verdade de fé, atestada pela Bíblia e revelada claramente na vida de Jesus Cristo. Entretanto este programa é complexo, exige reflexões e aprofundamentos ulteriores, argumentos da Sagrada Escritura, confrontações com os desafios socioculturais hodiernos, autêntica sensibilidade humana e cristã para fazer com que os esquecidos e sem voz sejam ouvidos, lembrados, considerados e ajudados pela Igreja e pela sociedade.

Toda esta temática constitui o objetivo destas páginas, tratado não só de modo acadêmico, mas a partir de quem hauriu sua reflexão também da experiência com a realidade do nosso Nordeste. Embora formado em teologia com um doutorado na Alemanha, o nosso autor não abandonou suas raízes nem perdeu a ótica evangélica que enxerga nos pobres os prediletos de Deus. Desse modo, só posso recomendar esta obra que mantém viva uma característica própria da nossa teologia, que teve e continua tendo forte influência em muitos outros países.

Mario de França Miranda

Introdução

Em 2015 celebramos os 50 anos de encerramento do Concílio Vaticano II. Em 2018 celebraremos os 50 anos da 2ª Conferência Geral do Episcopado Latino-americano realizada em Medellín. Estes dois acontecimentos marcaram decisivamente a vida da Igreja na América Latina na segunda metade do século XX.

O Concílio abriu a Igreja para o mundo. E não em prejuízo de sua identidade e missão, mas precisamente por fidelidade à sua identidade/missão que consiste em ser *sacramento de salvação no mundo*. Medellín deu um passo adiante. Mostrou que o mundo não é, sem mais, o mundo moderno ilustrado. Há também o submundo dos pobres e marginalizados. E esse submundo é em grande parte produto do mundo moderno ilustrado. Mostrou também que o lugar da Igreja neste mundo dividido é do lado e a serviço dos pobres e marginalizados. E, de novo, não em prejuízo de sua identidade/missão, mas precisamente por fidelidade à sua identidade/missão de *sacramento de salvação* que em um mundo de injustiça se configura *libertação*: "passagem de condições de vida menos humanas" (carências materiais, estruturas opressoras, exploração dos trabalhadores, injustiça das transações etc.) "para condições mais humanas" (posse do necessário, conhecimentos, dignidade, bem comum, paz etc.).

Não se pode entender Medellín sem o Vaticano II. Aliás, Medellín inaugura oficialmente o processo de *recepção* do Concílio na América Latina. Mas, ao fazê-lo, revela limites do próprio Vaticano II que é marcadamente um Concílio do primeiro mundo ou centrado nos problemas e nas preocupações do primeiro mundo. Como bem compreendeu e afirmou Carlos Palácio, "sem o Concílio, não teria existido Medellín, mas Medellín não teria sido Medellín sem o esforço corajoso de repensar o acontecimento conciliar a partir da realidade de pobreza e de injustiça que caracterizava a América Latina".[1]

Se o Concílio Vaticano II abriu a Igreja para o *mundo*, compreendendo-o e assumindo-o como lugar e destinatário de sua missão, com Medellín, a Igreja abriu-se e voltou-se para as *periferias do mundo*, assumindo-as como lugar e destinatário fundamentais de sua missão. Se o Concílio compreendeu a Igreja como sinal e instrumento de *salvação* no mundo, Medellín historicizou essa salvação em termos de *libertação* das mais diferentes formas de injustiça, opressão e marginalização. Se o Concílio produziu e/ou desencadeou a produção de uma teologia ilustrada, aberta e em diálogo com o mundo moderno (*teologia moderna*), Medellín produziu e/ou desencadeou a produção de uma teologia engajada nos processos de libertação (*teologia da libertação*).

E todo esse processo de *recepção criativa* do Concílio na América Latina, inaugurado por Medellín, repercutiu enormemente no conjunto da Igreja. Se é verdade que a Igreja latino-americana foi profundamente marcada e enriquecida pelo processo de renovação eclesial desencadeado pelo Concílio, também é verdade que o conjunto da Igreja foi profundamente marcado e enriquecido pelo processo de renovação eclesial inaugurado por Medellín e formulado comumente

---

[1] PALÁCIO, Carlos. "Trinta anos de teologia na América Latina: um depoimento". In: SUSIN, Luis Carlos (org.). *O mar se abriu*: trinta anos de teologia na América Latina. São Paulo: Loyola, 2000, 52s.

nos termos *opção pelos pobres* ou *Igreja dos pobres*. O Sínodo dos bispos sobre "A justiça no mundo" (1971) e a Exortação Apostólica *Evangelii nuntiandi* "Sobre a Evangelização no mundo contemporâneo" (1975) mostram claramente o impacto e a repercussão do acontecimento Medellín no conjunto da Igreja já na primeira metade da década de 1970. Em sua Encíclica *Sollicitudo rei socialis* (1987), João Paulo II fala da "opção ou [do] amor preferencial pelos pobres" como um dos "temas" e uma das "orientações" repetidamente ventilados e desenvolvidos pelo magistério nos últimos tempos (SRS, 42). O Compêndio de Doutrina Social da Igreja (2004) fala da "opção preferencial pelos pobres", ao tratar dos princípios da Doutrina Social da Igreja, concretamente do princípio da "destinação universal dos bens". E Bento XVI reconheceu e afirmou explicitamente na abertura da Conferência de Aparecida (1997) que "a opção preferencial pelos pobres está implícita na fé cristológica naquele Deus que se fez pobre por nós, para enriquecer-nos com sua pobreza (cf. 2Cor 8,9)". Para não falar do impacto e da repercussão desse processo eclesial inaugurado por Medellín na prática pastoral, no magistério episcopal e na reflexão teológica nas mais diferentes regiões do planeta.

E tudo isso (re)aparece com renovado vigor e dinamismo no ministério pastoral do novo bispo de Roma, o papa Francisco. Seu projeto de uma "Igreja pobre e para os pobres" ou de uma "Igreja em saída para as periferias do mundo" é, na verdade, uma retomada, reafirmação e atualização do processo de renovação eclesial desencadeado pelo Concílio Vaticano II e pela Conferência de Medellín.

Os textos a seguir se inserem nessa tradição eclesial Concílio-Medellín e pretendem ajudar a explicitar seus fundamentos teológicos e alguns de seus dinamismos pastorais. Eles estão organizados em duas seções estreitamente articuladas entre si.

A primeira seção reúne textos que tratam da "fé como seguimento de Jesus Cristo", da Igreja como "uma Igreja pobre para os pobres" e da relação "fé e justiça". Mostram como a fé, a Igreja e a atuação cristã na sociedade devem ser configuradas e dinamizadas a partir dos pobres e marginalizados ou das periferias do mundo, ou, ainda, como a "opção pelos pobres" ou o "ser dos pobres" é constitutivo da fé, da Igreja e de sua missão no mundo.

A segunda seção reúne textos que tratam da relação "Igreja e política à luz do Concílio Vaticano II", do "diálogo inter-religioso por uma cultura de paz", do "cristianismo numa sociedade plural" e da "pastoral social como dimensão socioestrutural da caridade cristã". Três temas muito relevantes em nosso tempo e que constituem grandes desafios para a Igreja hoje: relação Igreja-política, diálogo inter-religioso, Igreja e sociedade plural e pastoral social. Todos eles devem ser pensados e dinamizados a partir e na perspectiva dos pobres e marginalizados que são, no Juiz e Senhor, juízes e senhores de nossas vidas, igrejas e sociedades (cf. Mt 25,31-46).

Em seu conjunto, os textos mostram como, na perspectiva cristã, fé, Igreja e sociedade devem ser compreendidas e configuradas a partir e em vista dos pobres e marginalizados ou das periferias do mundo. Isso dá unidade aos textos e justifica sua publicação como livro. Isso sintoniza com Francisco e fortalece seu projeto pastoral de uma "Igreja pobre e para os pobres" ou de uma "Igreja em saída para as periferias do mundo". Isso recupera o núcleo da tradição eclesial desencadeada pelo Vaticano II e por Medellín e parece-nos a maneira mais consequente de celebrar os 50 anos do Concílio e de Medellín em sua unidade radical formulada por Francisco, vale repetir, nos termos de "Igreja pobre e para os pobres" ou de "Igreja em saída para as periferias do mundo".

Seção I

Capítulo I

A fé como seguimento de Jesus Cristo[1]

Ao proclamar um *Ano da Fé* (11/12/2012 – 24/11/2013), o então papa Bento XVI insistia na "necessidade de redescobrir o caminho da fé para fazer brilhar, com evidência sempre maior, a alegria e o renovado entusiasmo do encontro com Cristo".[2] Essa insistência que acompanhou todo seu ministério como bispo de Roma se justifica, para ele, pelo novo contexto cultural no qual a Igreja está inserida: se em outros tempos a fé "era um pressuposto óbvio na vida diária", em nosso tempo "tal pressuposto não só deixou de existir, mas frequentemente acaba até negado".[3]

---

[1] Publicado na *REB* 292 (2013) 788-815.
[2] BENTO XVI. *Carta Apostólica sob forma de Motu Próprio Porta Fidei*. São Paulo: Paulinas, 2011, 2.
[3] Ibidem, 2.

Nesse contexto, o *Ano da Fé* apresenta-se como um *convite* "para uma autêntica e renovada conversão ao Senhor"[4] (conversão pessoal e social/estrutural) e para "um empenho eclesial mais convicto a favor de uma nova evangelização para descobrir de novo a alegria de crer e reencontrar o entusiasmo de comunicar a fé"[5] (conversão pastoral). E constitui-se, ao mesmo tempo, como uma *ocasião* privilegiada para suscitar e/ou intensificar o "testemunho", a "confissão", a "celebração" e a "reflexão" da fé.[6]

Nossa "reflexão" sobre a fé insere-se nesse movimento teológico-pastoral mais amplo desencadeado com a proclamação do *Ano da Fé*, concentrando-se e insistindo naquilo que, paradoxalmente, deveria ser o mais óbvio e fundamental na fé cristã, mas que, de fato, parece ter-se tornado o menos óbvio e até prescindível na vida dos "crentes": o seguimento de Jesus Cristo.

Depois de uma breve consideração sobre a tão falada crise de fé, explicitaremos em que sentido a fé cristã deve ser vivida (práxis) e compreendida (teoria) como seguimento de Jesus de Nazaré, destacando alguns aspectos que são, simultaneamente, constitutivos do seguimento e extremamente desafiantes e relevantes em nosso tempo.

1. A crise de fé do nosso tempo

Não é de hoje que se fala de *crise* ao se narrar ou refletir sobre a situação da fé em nosso tempo. Pouco importa se a palavra é usada explicitamente. Fato é que a fé, vivida e/ou pensada, parece encontrar-se em uma terra estranha ou mesmo hostil, com pouca incidência na vida pessoal e social dos crentes. Aparece como algo pouco razoável, exótico, ineficaz. Os acentos e as imagens variam de acordo

---

[4] Ibidem, 6/2.
[5] Ibidem, 7.
[6] Cf. ibidem, 8-9.

com as perspectivas e com os interesses que determinam e subjazem às diferentes abordagens.⁷

O tema é complexo e excede os propósitos e as possibilidades desta nossa reflexão. Em todo caso e com o risco de simplificação, esboçaremos, ainda que de modo caricaturesco, o que consideramos as três principais linhas de abordagem da chamada crise de fé em nosso tempo.

Modernidade e crise de fé

A primeira e a mais desenvolvida delas é a que situa a crise de fé no contexto mais amplo da *modernidade* e das revoluções por ela provocadas: revolução científica (mundo matematizável), revolução política (democracia), revolução cultural (iluminismo) e revolução industrial (máquina-instrumento).⁸ O conjunto dessas revoluções acabou gerando uma grande crise de fé no mundo ocidental.

A fé vai aparecendo, particularmente nos setores ilustrados da sociedade, como algo estranho ou mesmo incompatível com o mundo moderno. No limite, como um mundo de *trevas* ante o mundo das *luzes* que é a modernidade. Não por acaso, a modernidade é descrita ou conceituada muitas vezes como *ilustração* ou *iluminismo*,⁹ o que significa, na linguagem de Kant, a "saída do homem de sua menoridade",

---

⁷ Cf. RATZINGER, Joseph. *Introducción al cristianismo*. Salamanca: Sígueme, 2001, 39-72; KASPER, Walter. *Introducción a la fe*. Salamanca: Sígueme, 1982, 13-31; GIRARDI, Giulio. *La túnica rasgada. La identidad Cristiana, hoy, entre liberación y restauración*. Santander: Sal Terrae, 1991; VALADIER, Paul. *Catolicismo e sociedade moderna*. São Paulo: Loyola, 1991; idem. "Crise da racionalidade, crise da religião". *Perspectiva Teológica* 126 (2013) 283-300; FRANÇA MIRANDA, Mario de. *Um homem perplexo*: o cristão na sociedade atual. São Paulo: Loyola, 1989; idem. *Igreja e sociedade*. São Paulo: Paulinas, 2009; LENAERS, Roger. *Outro cristianismo é possível*: a fé em linguagem moderna. São Paulo: Paulus, 2010; SOLER, Joaquin Silva. "A crise da Igreja Católica: alguns dados empíricos e perspectivas teológicas". *Perspectiva Teológica* 126 (2013) 219-234.

⁸ Para Abel Jeannière, a modernidade repousa sobre essas revoluções (cf. JEANNIÈRE, Abel. Q'uest-ce que la modernité? *Etudes*, 373/5 (1990) 499-510, aqui 501). Sobre a modernidade, Kasper fala de uma "mudança fundamental e radical de toda nossa realidade sociocultural". Seja em "nível político", seja no "âmbito do conhecimento", seja, enfim, em relação à "fé" (cf. KASPER, Walter. Op. cit., 19s).

⁹ Cf. REALE, Giovanni; ANTISERI, Dario. *História da Filosofia II*. São Paulo: Paulus, 1990, 667-950.

isto é, da "incapacidade de fazer uso de seu entendimento sem a direção de outro indivíduo". Daí, o grande lema do Iluminismo: "Tem a coragem de fazer uso de teu próprio entendimento".[10] Nesse sentido, a modernidade enquanto ilustração ou iluminismo significa fundamentalmente "um processo de emancipação", no qual "o homem se liberta da autoridade e da tradição que vêm dadas previamente" e quer, por si mesmo, "ver", "julgar" e "decidir-se".[11]

É aqui, precisamente, que se insere e que pode ser compreendida a chamada crise de fé no mundo ocidental. O cristianismo parece ter ficado sem chão. "Sua imagem do mundo e do homem, sua compreensão da autoridade estava demasiada e profundamente impregnada por uma época já definitivamente superada", levantando a suspeita de que, no fundo, "a fé não era outra coisa que a ideologia de uma ordem já superada e um freio para o progresso".[12] Não é preciso lembrar, aqui, o longo, doloroso e, mesmo, desastroso conflito entre a Igreja e a modernidade, do qual, como lembra Walter Kasper, "o caso Galileu não é mais que o exemplo mais famoso de uma cadeia de condenações verdadeiramente infelizes".[13] Conflito que se prolonga, pelo menos oficialmente, até o Concílio Vaticano II.

Neste Concílio, a Igreja se abre, oficial e positivamente, ao diálogo crítico com o mundo moderno. E a teologia, daí em diante, fez um esforço enorme de repensar e reelaborar os dados fundamentais da fé dentro do novo contexto que em que a Igreja, há tempos e sem se dar conta ou sem querer assumir, estava inserida. Não sem razão essa teologia é comumente chamada teologia moderna.[14] Sua preocupação fundamental pode ser formulada e resumida com Dietrich

---

[10] KANT, Emmanuel. "Resposta à pergunta que é esclarecimento". In: *Textos Seletos*. Petrópolis: Vozes, 2011, 63-71, aqui 63s.

[11] KASPER, Walter. Op. cit., 18s.

[12] Ibidem, 20.

[13] Ibidem.

[14] Cf. RAHNER, Karl. *Curso fundamental da fé*: introdução ao conceito de cristianismo. São Paulo: Paulus, 1989; LIBANIO, João Batista. *Eu creio, nós cremos*: tratado da fé. São Paulo: Loyola, 2000.

Bonhöffer (Carta de 08/06/1944) em uma única pergunta: "como falar de Deus em um mundo adulto"?[15]

Fim da cristandade e crise de fé

Uma segunda linha de abordagem da chamada crise de fé está relacionada com o que se convencionou chamar *fim da era constantiniana ou fim da cristandade*. Nossas sociedades não se reconhecem mais como sociedades cristãs. O cristianismo é apenas um dos elementos e quiçá um elemento marginal do tecido social. Embora com características próprias, esse fenômeno está relacionado tanto com a modernidade como com a crise da modernidade.

Por um lado, a radicalização pouco crítica da ilustração moderna acabou provocando em certos setores da sociedade uma indiferença e, por vezes, até uma aversão religiosa. A fé deixou de ser determinante e mesmo necessária na vida de muita gente; algo, na melhor das hipóteses, tolerável. Não raras vezes, essa postura desembocou em militância antirreligiosa e, sobretudo, antieclesial: secularismo, laicismo, pouco importa a expressão.

Por outro lado, e paradoxalmente, essa postura acabou conduzindo a uma crise da modernidade, o que muitos chamam de pós-modernidade e Walter Kasper chama de "segunda ilustração": "uma ilustração da ilustração sobre si mesma, uma metacrítica de sua crítica".[16] A fé ilimitada na razão e na liberdade mostrou-se pouco ilustrada/crítica e muitas vezes desastrosa. A consciência dos limites da razão e da liberdade acabou provocando uma suspeita generalizada da razão (não tanto da liberdade, curiosamente!) e conduzindo a um relativismo radical,[17] o que relativiza ainda mais o lugar e a importância do cristianismo e da fé cristã em nossas sociedades plurais.

---

[15] BONHOEFFER, Dietrich. *Wiederstand und Ergebung*. Briefe und Aufzeichnungen aus der Haft. Gütersloh: Gütersloh Verlagshaus, 2011, 474-483.

[16] KASPER, Walter. Op. cit., 28.

[17] Cf. OLIVEIRA, Manfredo Araújo de. "Pós-modernidade: abordagem filosófica". In. TRASFERETTI, José; LOPES GONÇALVES, Paulo Sérgio. *Teologia na pós-modernidade*: abordagens epistemológica, sistemática e teórico-prática. São Paulo: Paulinas, 2003, 21-52.

Se a fé cristã se mostrou secundária, desnecessária e mesmo inaceitável para certos setores ilustrados do mundo moderno, tornou-se, no mundo pós-moderno, avesso a "qualquer" pretensão de verdade absoluta, extremamente relativizada – uma possibilidade entre outras. Aos poucos a fé foi deixando de ser algo "natural", transmitida culturalmente pela família e pela sociedade. É cada vez mais comum encontrar pessoas que não só não frequentam a Igreja nem se deixam conduzir por suas orientações, como também até a linguagem religioso-cristã lhes é completamente desconhecida. Não por acaso fala-se de nossas sociedades como sociedades pós-cristãs, no sentido de não serem mais estruturadas segundo os princípios e a gramática cristãos.

Há quem lamente profundamente esse fato e insista nas raízes e no verniz "cristão" de nossas sociedades. É o sonho/pesadelo da cristandade ainda não superado por amplos setores da Igreja. Mas há quem veja nesse novo contexto uma grande chance para a fé cristã e para o cristianismo: uma fé e um cristianismo assumidos (pessoalmente) e não impostos (culturalmente). Nesse sentido, vem-se fazendo um grande esforço de diálogo mais ou menos crítico com o mundo pós-moderno[18] e vem-se insistindo cada vez mais no caráter experiencial da fé. Expressões como "iniciação cristã", "catecumenato", "mistagogia", dentre outras, ganham sempre mais relevância e visibilidade no universo teológico-pastoral de nossos dias.

Contratestemunho e crise de fé

Por fim, uma terceira linha de abordagem da crise de fé de nosso tempo insiste na *incoerência ou contradição entre a fé professada e*

---

[18] KASPER, Walter. Op. cit., 27-31; LIBANIO, João Batista. Op. cit., 52-55; GONZÁLEZ FAUS, José Ignácio. *Direitos humanos, deveres meus*: pensamento fraco, caridade forte. São Paulo: Paulus, 1998; PANASIEWICZ, Roberlei; BAPTISTA, Paulo Agostinho. "Crer e dialogar: o desafio de ser cristão na sociedade atual". In: MURAD, Afonso; BOMBONATTO, Vera (org.). *Teologia para viver com sentido*: homenagem aos 80 anos do teólogo João Batista Libanio. São Paulo: Paulinas, 2012, 49-63; CARRARA, Paulo Sérgio. "*Itinerarium mentis in Deum per nihilum*: o niilismo como desafio ao cristianismo". *Perspectiva Teológica* 122 (2012) 53-68; DUQUE, João Manuel. "Transmissão da fé em contexto pós-moderno". *Perspectiva Teológica* 126 (2013) 205-217.

celebrada e a vida dos crentes. O que se professa e o que se celebra parece não se realizar no dia a dia da vida dos crentes e de suas comunidades. E tanto no que diz respeito à vida pessoal quanto no que diz respeito às relações interpessoais e à estruturação da sociedade. Basta olhar para a situação concreta da América Latina, o continente mais católico e mais injusto do mundo. Como entender essa compatibilidade entre catolicismo e injustiça? Pode-se afirmar que nossas sociedades são realmente cristãs, isto é, que elas são estruturadas segundo a lógica e os princípios do Evangelho de Jesus de Nazaré? Como explicar o fato de que os maiores responsáveis pela estruturação injusta de nossas sociedades se declarem cristãos e sejam reconhecidos como tais pela comunidade cristã? E o diagnóstico não seria muito diferente, se passássemos a considerar a vida pessoal e interpessoal dos crentes.

Nesse contexto, é inevitável a pergunta: o que é a fé cristã ou em que ela foi transformada?[19] A crise, aqui, como se vê, não é tanto de ordem teórica (modernidade) nem de ordem cultural (cristandade), mas de ordem práxica (modo de vida), por mais que esta tenha uma dimensão teórica e uma dimensão cultural. O que está em jogo é a autenticidade e a credibilidade da fé cristã, tal como ela vem sendo vivida pelos cristãos e por suas comunidades.

Certamente, esse fato não é novo e alguém poderia dizer que por essa razão ele não pode ser aduzido para explicar a crise de fé dos nossos dias. Talvez essa seja a consequência mais negativa e funesta

---

[19] Tratando das dificuldades de se explicitar a concepção cristã do homem, no final dos anos 60, Juan Luis Segundo relata a provocação de um delegado africano numa reunião mundial da Juventude Operária Católica no Rio de Janeiro: "'Há mais de 4 séculos que o cristianismo existe aqui, não é certo?' Responderam-lhe que sim. 'E nesses 4 séculos jamais baixou de 95% da população, não é assim?' Assim é. 'Neste continente praticamente cristão durante 4 séculos, os cristãos deixaram surgir essas favelas e podem viver tranquilamente dias, meses e anos com essa miséria. Que significado tem, então, para vocês a palavra cristianismo?'". Para Segundo, a provocação do africano indica, por um lado, que "existe de fato uma concepção cristã do homem nos chamados católicos" que lhes permite criar e conviver com essa situação, mas, por outro lado, indica também que só uma concepção do homem que "tivesse levado os que se dizem cristãos a eliminar essa miséria" corresponderia ao "cristianismo autêntico" (SEGUNDO, Juan Luis. *A concepção cristã do homem*. Petrópolis: Vozes, 1970, 17s).

da cristandade que, ao identificar o cristianismo com a sociedade ocidental, acabou relativizando excessivamente o potencial práxico da fé cristã, reduzindo-a ou, em todo caso, quase a identificando com uma doutrina e um culto: quem confessa a doutrina cristã e participa do culto cristão, de modo particular dos sacramentos, é automaticamente cristão, mesmo que não viva como Jesus viveu. Claro que isso nunca foi um consenso absoluto; sempre houve tensões. Basta ver os movimentos de renovação e radicalização evangélicas (volta às fontes!) ao longo da história da Igreja.[20] Mas em nosso tempo isso adquiriu uma relevância e uma importância toda particular.

Uma vez que nossas sociedades não se reconhecem mais como sociedades cristãs; uma vez que a fé cristã e o cristianismo não são mais transmitidos culturalmente pela família e pela sociedade, sua força e seu futuro dependem da autenticidade e do poder do testemunho dos cristãos e de suas comunidades. Não por acaso o papa Paulo VI, em sua Exortação Apostólica *Evangelii Nuntiandi*, insistia tanto na força do testemunho em nosso tempo: "O homem contemporâneo escuta com melhor boa vontade as testemunhas que os mestres, ou então, se escuta os mestres, é porque eles são testemunhas" (EN, 41).

A raiz da crise

Todas essas abordagens da crise de fé em nosso tempo (e outras que não foram sequer mencionadas aqui) têm algo de verdade e de específico e de alguma forma se implicam mutuamente. Nenhuma delas é absoluta nem esgota o tema. Tampouco podem ser absolutamente relativizadas como se todas estivessem no mesmo nível. Há aspectos da crise que são mais radicais, no sentido de ir mais à raiz do problema, e, por essa razão, mais determinantes que outros aspectos.

Considerando as três linhas de abordagem aqui esboçadas (modernidade, fim da cristandade e contratestemunho), não hesitamos em afirmar que a terceira delas é a mais radical e, enquanto tal, a

---

[20] Cf. COMBLIN, José. *O Espírito Santo e a tradição de Jesus*. São Paulo: Nhanduti, 2012.

mais determinante da situação de crise em que se encontra a fé cristã em nosso tempo. E tanto no sentido de explicar o mal-estar, o descrédito e a ineficácia da fé (sua ruína) quanto no sentido de discernir o cerne desse mal-estar, descrédito e ineficácia, é preciso indicar o caminho a ser percorrido para que a fé recupere sua eficácia salvífica e, com ela, sua credibilidade (seu *kairós*).[21]

Cremos, portanto, que a crise de fé que caracteriza o nosso tempo é, em última instância, uma crise de testemunho ou, melhor dito, de contratestemunho. A ineficácia e a descrédito da fé em nosso mundo têm a ver, em última instância, com a incoerência ou contradição entre a fé professada e celebrada e a vida concreta dos crentes e de suas comunidades. Já o Concílio Vaticano II afirmava que o "divórcio entre a fé professada e a vida cotidiana de muitos deve ser enumerado entre os erros mais graves do nosso tempo" (GS 43) e responsabilizava, em grande parte, os cristãos até mesmo pelo ateísmo de muitas pessoas, na medida em que "negligenciando a educação da fé, ou por uma exposição falaz da doutrina, ou por faltas na sua vida religiosa, moral e social, se poderia dizer deles que mais escondem que manifestam a face genuína de Deus e da religião" (GS 19). Certamente, essa situação se agrava e adquire novas dimensões e proporções no contexto da modernidade (primeira ilustração) e da pós-modernidade (segunda ilustração), mas sua raiz última, parece-nos, tem a ver com o contratestemunho dos cristãos e suas comunidades que torna a fé ineficaz e, assim, compromete sua credibilidade.

Somente o testemunho autêntico dos cristãos e de suas comunidades pode recuperar o potencial salvífico-libertador da fé cristã e seu poder de conversão das pessoas e de transformação da sociedade. E só nesse contexto tem sentido e vale a pena desenvolver a dimensão intelectiva da fé e propô-la como elemento fundante e estruturante da vida das pessoas e da sociedade como um todo.

---

[21] Cf. KASPER, Walter. Op. cit., 16.

Nas periferias do mundo

Daí nossa insistência na fé cristã como seguimento de Jesus Cristo. Não é simplesmente nem em primeiro lugar uma doutrina nem um culto, mas um modo de vida: viver como Jesus viveu, por mais que esse modo de vida deva ser celebrado ritualmente e elaborado doutrinalmente. É o que procuraremos explicitar a seguir.

2. Fé cristã como seguimento de Jesus Cristo

A diversidade de abordagens da fé e a multiplicidade de distinções feitas nessas abordagens mostram sua complexidade e irredutibilidade:[22] fala-se de fé antropológica, fé religiosa e fé teologal; insiste-se na distinção e articulação entre o ato de crer (*fides qua*) e o conteúdo da fé (*fides quae*), entre ortopráxis e ortodoxia; distinguem-se várias dimensões no ato de crer: existencial/pessoal, social/política, eclesial, intelectiva e escatológica; enfatiza-se paradoxalmente o caráter gracioso e práxico da fé; explicitam-se os traços epocais da fé: antiga/medieval, moderna e pós-moderna, bem como sua configuração latino-americana; discute-se sobre o âmbito mais abrangente e mais adequado de abordagem da fé; e assim por diante.

Todos esses enfoques e aspectos têm sua importância e, de alguma forma, devem ser integrados ou pelo menos integráveis numa abordagem que, por mais específica e pontual que seja, pretenda dar conta do ato de fé em sua totalidade e complexidade. O desafio, aqui, consiste em determinar o enfoque e o conceito mais adequados, no sentido de oferecer um acesso privilegiado ao ato de fé em seus vários aspectos ou em suas múltiplas dimensões.

---

[22] CONGAR, Yves. *La foi et la théologie*. Tournai: Desclée, 1962, 72-92; KASPER, Walter. Op. cit.; LIBANIO, João Batista. Op. cit.; idem. *Fé e política*: autonomias específicas e articulações mútuas. São Paulo: Loyola, 1985; idem. *Fé*. Rio de Janeiro: Jorge Zahar, 2004; TABORDA, Francisco. *Nas fontes da vida cristã*: uma teologia do batismo-crisma. São Paulo: Loyola, 2001, 35-73.

Na perspectiva da teologia da libertação (TdL), a fé cristã deve ser abordada e formulada como práxis do seguimento de Jesus Cristo.[23] Enquanto seguimento, a fé é uma práxis que tem seu início e sua plenitude e, assim, seu critério e sua medida permanentes na vida de Jesus de Nazaré (concentração cristológica),[24] uma práxis que se configura como resposta a uma proposta previamente dada (dom – tarefa), uma práxis que envolve a vida humana em todas as suas dimensões (totalidade), uma práxis contextualizada e mediatizada (mediações) e uma práxis que se configura como participação no mistério de Deus e, enquanto tal, como mediação histórica de sua presença no mundo (escatologia).

Concentração cristológica

Antes de tudo, é preciso insistir na referência constitutiva e radical da fé cristã à fé de Jesus de Nazaré. E num duplo sentido: Jesus foi um homem de fé e é a sua fé que nos justifica. De modo que a fé de Jesus diz respeito tanto à sua relação com Deus quanto à nossa justificação.

As Escrituras falam de Jesus como um homem de fé,[25] mesmo quando não utilizam expressamente a palavra fé. Sua vida é narrada

---

[23] TABORDA, Francisco. *Sacramentos, práxis e festa*: para uma teologia latino-americana dos sacramentos. Petrópolis: Vozes, 1994, 17-39; SOBRINO, Jon. "Seguimento de Jesus". In: FLORISTÁN SAMANES; TAMAYO-ACOTA. *Dicionário de Conceitos Fundamentais do Cristianismo*. São Paulo: Paulus, 1999, 771-775; BOMBONATTO, Vera Ivanise. *Seguimento de Jesus*: uma abordagem segundo a cristologia de Jon Sobrino. São Paulo: Paulinas, 2002.

[24] "Essa inegável *concentração cristológica* [que aparece no NT] não pode ser confundida com um problemático cristocentrismo (é mais que evidente que Jesus não tem o centro em si mesmo) e, menos ainda, com um cristomonismo que seria injustificável. Jesus é lugar de passagem, porta, caminho para 'outros' e para o 'Outro'. Mas aí reside a ousadia da fé cristã e sua novidade: na centralidade que confere à existência humana de Jesus. O verdadeiramente original e revolucionário em Jesus não é uma 'doutrina' diferente de Deus, mas uma maneira de ser homem, um não poder entender [e viver!] a sua experiência humana fora de uma relação constitutiva com Deus como Pai, que descentra a sua vida, tornando-a radicalmente filial e fraterna" (PALÁCIO, Carlos. A originalidade singular do cristianismo. *Perspectiva Teológica*, 26 [1994] 311-339, aqui 339).

[25] Cf. VON BALTHASAR, Urs. "Fides Christi". In: *Ensayos teológicos II*. Madrid: Sponsa Verbi, 1964, 57-96; WIEDERKEHR, Dietrich. "Cristologia Sistemática". In: *Mysterium Salutis* III/4. Petrópolis: Vozes, 1985, 136-139; SOBRINO, Jon. *Cristologia a partir da América latina*. Petrópolis: Vozes, 1983, 97-157; idem. *Jesus, o libertador*. Petrópolis: Vozes, 1996, 230-235; GONZÁLEZ, Antonio. *Teología de la práxis evangélica*. Ensayo de una teología fundamental. Santander: Sal Terrae, 1999, 329-333; PAGOLA, José Antonio. *Jesus*: aproximação histórica. Petrópolis: Vozes, 2011, 363-398.

a partir de sua relação de confiança em Deus e de obediência e fidelidade na realização de sua vontade: "a fé de Jesus pode ser resumida na atitude de confiança exclusiva para com o Pai e de obediência a sua missão que é o anúncio e a presencialização do Reino".[26] Jesus confia radicalmente em Deus e lhe é obediente e fiel até às últimas consequências. A Carta aos Hebreus não só se refere a Jesus como "fiel" ao Pai (Hb 3,2), mas também e mais radicalmente como o "autor/iniciador" e o "consumador" da fé (Hb 12,2). É, portanto, um homem de fé no sentido mais autêntico e profundo da expressão. O curioso é que isso que é tão evidente na Escritura foi por muito tempo, por preconceitos metafísico-dogmáticos, problemático e mesmo inaceitável na teologia. Tomás de Aquino chega a afirmar que, uma vez que "o objeto da fé é a realidade divina que não é vista" e que "Cristo, desde o primeiro instante de sua concepção, viu plenamente a Deus em sua essência", "nele não pôde haver fé" (STh III, q. 7, a. 3).[27] Só com a retomada da teologia bíblica foi possível superar tais preconceitos e afirmar sem escrúpulo que "Jesus foi um extraordinário crente e teve fé"; que "a fé foi o modo de existir de Jesus".[28]

Mas não só isso. Paulo fala muitas vezes da "fé de/em Jesus Cristo", relacionando-a com a nossa justificação (Gl 2,16.20; 3,22; Fl 3,9; Rm 3,22.26; Ef 3,12). O tema é complexo e toca no núcleo mesmo da teologia paulina sobre a fé e a justificação pela fé.[29] A expressão grega *pístis Iesoû Christoû* pode ser traduzida tanto por "fé em Jesus

---

[26] SOBRINO, Jon. *Cristologia a partir da América latina*. Op. cit., 122.

[27] Comentando a posição de Tomás em nota de rodapé à questão acima referida, afirma Torrell: "Essa conclusão supõe como evidente que a alma de Cristo dispunha da visão beatífica durante sua vida terrestre. Essa posição comum aos teólogos da época de Sto. Tomás e depois dele, é difícil de manter a partir da Escritura e da Tradição, e o Magistério não se pronunciou de maneira definitiva a respeito. Um teólogo que não considerasse a existência dessa visão beatífica em Cristo como teologicamente assegurada deveria aderir com todas suas forças à conclusão do artigo precedente: Cristo teve todas as virtudes, incluindo a fé" (TORREL, Jean-Pierre. "O mistério da encarnação: introdução e notas". In: TOMÁS DE AQUINO. *Suma Teológica*. v. 8. São Paulo: Loyola, 2002, 163, nota e).

[28] BOFF, Leonardo. *Jesus Cristo libertador*. Petrópolis: Vozes, 1991, 83.

[29] Cf. GONZÁLEZ, Antonio. Op. cit., 328-406; idem. "La fe de Cristo". *Revista Latinoamericana de Teología* 28 (1993) 63-74.

Cristo" (genitivo objetivo) quanto por "fé de Jesus Cristo" (genitivo subjetivo). No primeiro caso, Jesus Cristo aparece como *objeto* da fé e o que nos justifica é a nossa fé *em* Jesus. No segundo caso, ele aparece como *sujeito* da fé e, aqui, o que nos justifica é a fé *de* Jesus. Desde a escolástica e de Lutero, os textos acima referidos vêm sendo traduzidos normalmente por "fé *em* Jesus Cristo". Muito provavelmente esta tradução está condicionada pelos preconceitos metafísico-dogmáticos a que nos referimos acima. Mas, não obstante esse longo e amplo consenso teológico-exegético, parece mais de acordo com a teologia paulina da justificação pela fé sua tradução por "fé *de* Jesus Cristo". Não somos nós que nos justificamos a nós mesmos (nem pelas obras da lei nem sequer pela nossa fé pessoal *em* Jesus Cristo). É Deus mesmo quem nos justifica (através de Jesus Cristo ou *de* sua fé). A iniciativa é sempre de Deus por meio de Jesus Cristo. O que Paulo quer destacar, aqui, é a iniciativa livre e gratuita de Deus e a mediação de Jesus Cristo em nossa justificação. E isso aparece melhor ao se afirmar que somos salvos e justificados em última instância pela "fé *de* Jesus Cristo" e não pela nossa "fé *em* Jesus Cristo". Além do mais, dessa forma explicita-se melhor a conexão essencial entre cristologia e soteriologia: a fé de Jesus é o fundamento de nossa justificação; fomos salvos pela fé de Jesus Cristo.

Importa, aqui, em todo caso, insistir na referência fundamental e constitutiva da fé cristã à fé de Jesus Cristo na práxis do seguimento. Jesus é o iniciador e o consumador da fé e, enquanto tal, é o mediador entre Deus e a humanidade. Somos justificados por sua fé e nossa fé consiste em participação em sua fé.[30] A "fé *em* Jesus" enquanto adesão a ele é, em última instância, participação na "fé *de* Jesus", que é a fé que nos justifica. "Dizer e fazer que a fé *de* Jesus é o modo correto

---

[30] Esse parece ser o sentido mais correto e preciso de Gl 2,16: "sabendo que o homem não se justifica pelas obras da lei, mas pela fé de Jesus Cristo (*pístis toû Christoû*), nós também cremos em (*eis*) Jesus Cristo para ser justificados pela fé de Cristo (*pístis Christoû*) e não pelas obras da lei" (cf. GONZÁLEZ, Antonio. *Teología de la práxis evangélica*. Ensayo de uma teologia fundamental. Op. cit., 335).

de aproximar-se de Deus e realizar seu Reino é a afirmação mais radical e mais ortodoxa da fé *em* Jesus".[31]

Fé como dom de Deus e tarefa

O tema da justificação pela fé de Jesus nos confronta com um dos paradoxos mais centrais e decisivos da fé cristã, enquanto práxis do seguimento. A fé é certamente um dom (Ef 2,8), mas um dom que, uma vez acolhido, recria-nos, inserindo-nos ativamente em seu próprio dinamismo: "Criados por meio de Cristo Jesus para realizarmos as boas ações que Deus nos confiara como tarefa" (Ef 2,10). É, portanto, um *dom-tarefa*: algo que recebemos para realizar.

Ao longo da história, a teologia insistiu muito no primado da Graça em nossa salvação. Ela é obra de Deus e não conquista nossa. A iniciativa é sempre de Deus. Mesmo a fé, enquanto adesão e entrega confiante a Deus, não deixa de ser um dom de Deus em Jesus Cristo no Espírito Santo. Seja na medida em que é adesão e entrega ao Deus que vem ao nosso encontro e se entrega gratuitamente a nós, portanto, nossa resposta à proposta de Deus. Seja na medida em que é obra do Espírito de Deus em nós: é o Espírito derramado em nossos corações que nos faz reconhecer Deus em Jesus e que nos insere no caminho de Jesus. Nesse sentido, a fé é inseparável da revelação de Deus em Jesus Cristo e da ação do Espírito em nós. Sem a revelação de Deus e sem a ação do seu Espírito em nós, a fé é simplesmente impossível. E tudo isso é dom gratuito de Deus, vale a redundância. De modo que a iniciativa livre e gratuita de Deus não só não se opõe à fé, mas a possibilita e a dinamiza. Em última instância, a fé se fundamenta na revelação de Deus e é ação de seu Espírito em nós.

Mas não por isso a fé deixa de ser tarefa nossa. Ela é um dom, mas um dom que precisa ser acolhido e só pode ser acolhido na doação de si. Quando acolhemos o dom de Deus em nossa vida e nos entregamos a ele, nossa vida se torna, também ela, um dom. Nesse sentido, o

---

[31] SOBRINO, Jon. Op. cit., 127.

caráter de dom que caracteriza a fé (doação de Deus) se efetiva como tarefa (doação de nossa vida). Ao acolhermos e nos entregarmos ao Deus que se revela a nós em Jesus e ao nos deixarmos conduzir por seu Espírito, tomamos parte em sua vida e vamos configurando nossa vida e nosso mundo segundo sua vontade e seu dinamismo. Enquanto entrega a Deus e acolhida de seu Espírito, a fé se configura, portanto, como tarefa. Ela "consiste em que eu faça entrar formal e reduplicativamente em meu acontecer enquanto *feito por mim*, o acontecer segundo o qual Deus *acontece em mim*. Que Deus aconteça em mim é uma *função de Deus na vida*. Mas entregar-se a Deus é fazer a *vida em função de Deus*".[32] E isto é tarefa nossa. De modo que, se a fé não é possível senão como *dom de Deus*, tampouco é possível senão como *tarefa nossa*.

São dois aspectos do ato de fé como seguimento de Jesus. Ele é, simultânea e paradoxalmente, dom de Deus em Jesus Cristo (iniciativa de Deus) e tarefa nossa no Espírito de Deus (responsabilidade nossa). É verdade que esses dois aspectos nem sempre foram vividos e compreendidos de maneira adequada ao longo da história. Muitas vezes acentuou-se unilateralmente um ou outro aspecto.[33] Basta recordar as controvérsias pelagiana (século V) e luterana (século XVI). Pouco importa se o problema aparece formulado nos termos graça-liberdade ou fé-obra. Em todo caso, a Igreja sempre procurou manter os dois aspectos desse paradoxo. É que, de fato, dom e tarefa não só não se excluem, mas, sobretudo no caso da fé, se implicam e se remetem mutuamente: o *dom de Deus* só pode ser acolhido na *doação de si*. Como bem afirma Jon Sobrino, "foi um erro frequente colocar a experiência da gratidão no que recebemos, como se a ação fosse meramente 'obra' do homem"; "o dom se experimenta como dom na própria doação".[34]

---

[32] ZUBIRI, Xavier. *El hombre y Dios*. Madrid: Alianza Editorial, 2003, 233.
[33] Cf. FRANÇA MIRANDA, Mário de. *Libertados para a práxis da justiça*: a teologia na graça no atual contexto latino-americano. São Paulo: Loyola, 1991.
[34] SOBRINO, Jon. Op. cit., 238.

Nas periferias do mundo

Configuração da vida humana em sua totalidade

A tarefa que caracteriza a fé enquanto práxis do seguimento de Jesus Cristo diz respeito à vida humana em sua totalidade. Ela deve ser con*forma*da (cf. Fl 2, 7) ou con*figura*da (cf. Rm 8,29; Ef 4,24; Cl 3,10) em todos os seus aspectos ou em todas as suas dimensões de acordo com a vontade de Deus revelada em Jesus Cristo e segundo a força e o poder de seu Espírito.

Certamente, pode-se destacar um ou outro aspecto, uma ou outra dimensão da fé. Isso é normal e sempre aconteceu. Seja na vida dos crentes e de suas comunidades, seja em diferentes contextos históricos. Assim é que há pessoas e comunidades que dão uma ênfase maior à dimensão pessoal ou à dimensão social, à dimensão doutrinal ou à dimensão práxica, à dimensão profética ou à dimensão litúrgica, à dimensão material ou à dimensão espiritual, à dimensão eclesial ou à dimensão histórica, ao presente ou ao porvir etc. E assim é que o mundo antigo/medieval enfatizou mais o aspecto objetivo da fé (o quê), enquanto o mundo pós/moderno enfatizou mais seu aspecto subjetivo (quem) e a experiência eclesial latino-americana, a partir de Medellín e com a TdL, enfatizou mais seu aspecto práxico-libertador (como). Em princípio, não há problema aqui. Isso é possível, normal e, quiçá, inevitável. Os contextos e as circunstâncias pessoais, eclesiais, sociais e históricos exigem e forçam, muitas vezes, uma atenção e um cuidado particulares a uma ou outra dimensão da fé.

O problema começa quando essa atenção e esse cuidado especiais vão sendo absolutizados. Consciente ou inconscientemente, explícita ou implicitamente. Aos poucos, a fé vai sendo reduzida a uma de suas dimensões ou mesmo a um departamento da vida, perdendo seu horizonte de totalidade e seu poder de configuração de toda a nossa vida segundo os desígnios de Deus e a força do seu Espírito. A relevância que uma dimensão ou um aspecto da vida adquire em certas circunstâncias pode levar a uma relativização radical dos outros aspectos ou dimensões ou mesmo a um reducionismo da vida a um de seus aspectos ou dimensões. É sempre um risco. Mas a situação pode se complicar ainda mais quando se perde de vista que há aspectos ou dimensões que são mais radicais e essenciais que outros ou, pior ainda, quando se invertem as prioridades. Por aí se pode entender a insistência dos profetas na prática do direito e da justiça em relação ao culto (cf. Am 5,21-24; Mq 6,6-8; Is 1,10-17) e a centralidade que o NT dá à prática do amor em relação às práticas religiosas e à gnose (cf. Lc 10,25-37; Mt 22,37-39; Jo 15,1-17; 1Jo 3,11-24; 4,7-21), bem como a ênfase na operatividade da fé (Gl 5,6; Tg 1,19-27; 2,14-26).

Há, aqui, um tríplice desafio. Em primeiro lugar, precisamos estar atentos às necessidades e aos imperativos dos diferentes contextos e das diferentes circunstâncias. Em segundo lugar, as necessidades epocais e circunstanciais não nos podem levar a um reducionismo da fé, a um de seus aspectos ou dimensões. Em terceiro lugar, não podemos perder de vista que há aspectos ou dimensões que são mais radicais e essenciais que outros; no caso da fé cristã, a realização da vontade de Deus que consiste no amor fraterno e na prática da justiça.

Necessidade de mediações teóricas e práticas

Se antes afirmamos que a fé, enquanto seguimento, diz respeito a todas as dimensões da vida humana, agora é preciso insistir no fato de que a *conformação* ou *configuração* da totalidade da nossa vida a Jesus Cristo necessita de muitas mediações teóricas e práticas. É a problemática da mediação histórica da fé.

Não existe fé independente de um modo de vida, isto é, de uma forma ou figura de vida. Daí por que não se pode falar de "fé em si", como algo separado da vida/práxis concreta do crente. Nem sequer pode-se reduzir a questão a uma mera "relação" entre fé e vida, como se elas fossem "relatos" autossuficientes que se pudesse depois "relacionar" um ao outro. Enquanto seguimento de Jesus Cristo, a fé cristã diz respeito à con*formação* ou con*figuração* de nossa vida a ele e, enquanto tal, ela é mediada por essa mesma con*formação* ou con*figuração*. E isso depende, em boa medida, da situação ou do contexto em que nos encontramos e das possibilidades reais[35] de que dispomos. Daí que a fé, sendo sempre a mesma (fé de Jesus), é sempre diversa (fé de seus seguidores nas diversas situações históricas).

Esse é um dos paradoxos e um dos dramas fundamentais da fé cristã, enquanto seguimento de Jesus: um dinamismo de vida suscitado por Jesus e seu Espírito (dom) que deve tomar corpo em situações e contextos diversos, a partir das possibilidades reais disponíveis (tarefa). Deve configurar nossa vida e nosso mundo segundo esse dinamismo. Mas só pode fazê-lo a partir das possibilidades reais disponíveis. E isso vale para todas as dimensões da vida: da material à espiritual; da sexual à econômica. Todas elas devem ser configuradas segundo o dinamismo suscitado por Jesus e seu Espírito. Mas essa configuração dependerá, em grande parte, das possibilidades (materiais, biológicas, sexuais, psíquicas, sociais, políticas, culturais, religiosas etc.) com que se conta em cada caso. Daí que a fé, inserindo-nos no caminho de Jesus, no seu modo de vida, não nos oferece receita sexual, política, econômica etc., mas constitui-se, antes, como desafio e missão.

O grande desafio da fé consiste, portanto, em discernir e escolher, em cada caso e em cada situação, entre as reais possibilidades disponíveis, as mais adequadas e mais fecundas para a configuração de nossa vida e de nosso mundo segundo o dinamismo suscitado por Jesus e seu Espírito. Nesse processo, é preciso ter sempre em conta

---

[35] *Possibilidades* nem se identifica com potência nem significa o que em princípio não seria impossível. Primeiro, porque nem toda potencialidade é uma possibilidade real. Segundo, porque há muitas coisas que em princípio não seriam impossíveis, mas que de fato não se podem realizar. Por *possibilidades* entendemos, aqui, com Zubiri e Ellacuría, aquilo que realmente possibilita, aquilo que está disponível, acessível, ao "alcance da mão", aquilo com que se pode realmente contar para fazer a vida. Não se pode tudo que se quer: querer não é poder. O poder está possibilitado e condicionado pelas possibilidades reais com que se conta (cf. ZUBIRI, Xavier. *Tres dimensiones del ser humano*: individual, social, histórica. Madrid: Alianza editorial, 2006, 136ss, 145ss; ELLACURÍA, Ignácio. *Filosofia de la realidad histórica*. San Salvador: UCA, 1999, 519ss, 536ss).

que, se nenhuma possibilidade real é absolutamente adequada, no sentido de esgotar as potencialidades desse dinamismo, tampouco são igualmente (in)adequadas: umas são mais (in)adequadas que outras. Aqui, conta-se sempre com uma boa dose de risco, de aposta. Mas um risco e uma aposta inevitáveis, sob pena de se transformar a fé em pura abstração, idealismo ou fundamentalismo.

Dimensão escatológica da fé

Por fim, o processo histórico de mediação da fé nos confronta com sua dimensão escatológica. Seja na medida em que nos mantém real e efetivamente em comunhão com o Pai e no serviço ao seu reinado de justiça e fraternidade, seja na medida em que determina o modo concreto como se dão essa comunhão e esse serviço.

Os cristãos *con*fessamos e *pro*fessamos que Deus estava em Jesus Cristo reconciliando o mundo consigo (2Cor 5,19): que sua vida foi agradável a Deus; que ele agia na força e no poder do seu Espírito; que ele foi obediente e fiel a Deus até às últimas consequências; e que *por isso* Deus o ressuscitou dos mortos e o exaltou. A consequência prática disso é que, se queremos estar em comunhão com Deus e viver de acordo com sua vontade, temos que seguir o caminho de Jesus, viver como ele viveu. A convicção cristã, que brota da ressurreição de Jesus, como bem expressou a Carta do 9ª Intereclesial das CEBs em São Luís do Maranhão (1997), é que "vida vivida como Jesus é vida vitoriosa, mesmo se crucificada". Ou, nas palavras de Ignácio Ellacuría, "se o caminho de Deus aos homens é Jesus de Nazaré, o caminho do homem a Deus é o seguimento desse mesmo Jesus de Nazaré".[36] De modo que o seguimento, na medida em que nos faz viver em comunhão com Deus e de acordo com sua vontade, tem *algo* de último, definitivo, absoluto, escatológico.

Mas, na medida em que o seguimento é um processo histórico, vivido no tempo e no espaço, em circunstâncias e contextos bem

---

[36] ELLACURÍA, Ignácio. "Esbozo para una carta pastoral". In: *Escritos Teológicos II*. San Salvador: UCA, 2000, 623-661, aqui 642.

determinados, condicionado positiva e negativamente pelas possibilidades pessoais, sociais, eclesiais e históricas com que se conta em cada época e em cada momento, é um processo limitado, contingente, ambíguo e não raras vezes contraditório. Não por acaso os cristãos sempre se reconheceram como santos e pecadores. E tanto individual como comunitariamente. Os padres da Igreja se referiam a ela explicitamente como "santa e pecadora", "casta e meretriz".[37] Daí por que não se pode absolutizar nenhuma expressão da fé, nenhuma de suas mediações, por mais necessárias e legítimas que sejam. Certamente, pode-se e deve-se discernir que expressão ou que mediação é mais adequada, no sentido de ser a menos ambígua e contraditória possível e a mais fecunda e eficaz possível. Mas, como dito acima, sem jamais absolutizá-la. Se a fé tem que ser mediada, ela não se esgota em nenhuma mediação concreta. O mistério amoroso de Deus e seu desígnio salvífico para a humanidade não se identificam sem mais com nenhuma experiência, com nenhum acontecimento, com nenhuma mediação. Há sempre *um mais, um excesso*, que relativiza as experiências e mediações, por mais reais, autênticas e intensas que sejam, e mantém nossa vida e nossa história abertas para além de si mesmas, conduzindo-as para comunhão plena com Deus.

De modo que, enquanto seguimento de Jesus Cristo, a fé nos faz participar do mistério de Deus e colaborar com seu desígnio salvífico para a humanidade, mas de uma forma muito concreta: historicamente, no limite da carne, com as possibilidades reais com que contamos em cada contexto e em cada situação. Como Jesus de Nazaré. São os dois sentidos ou os dois aspectos do caráter escatológico que caracteriza a fé: algo de último e definitivo, mas na contingência e no limite da carne; é a tensão entre o "já" e o "ainda não" do reinado de Deus.[38]

---

[37] Cf. BARREIRO, Álvaro. *"Povo santo e pecador"*: a Igreja questionada e acreditada. São Paulo: Loyola, 1994, 83-112.

[38] É a tese de Oscar Cullmann ante a "escatologia consequente" (realidade futura) de A. Loisy e A. Schweitzer e a "escatologia realizada" (realidade presente) de C. H. Dodd (cf. CULLMANN, Oscar. *Einführung in das Neue Testament*. München-Hamburg: Siebenstern Taschenbuch Verlag, 1968, 38s).

Sintetizando

Enquanto práxis do seguimento de Jesus de Nazaré, "a fé designa o ato pelo qual a salvação que teve lugar em [Jesus] Cristo alcança as pessoas e as comunidades, transformando-as e iniciando uma nova criação". [39] Esse ato nos vincula radical e essencialmente a Jesus Cristo; é paradoxalmente dom de Deus e tarefa nossa; diz respeito a todas as dimensões da nossa vida; é mediatizado pelas possibilidades reais com que se conta em cada contexto ou situação; e faz-nos participar historicamente do mistério de Deus e colaborar com seu desígnio salvífico para a humanidade.

3. Traços e desafios epocais do seguimento de Jesus Cristo

Enquanto seguimento de Jesus Cristo, a fé cristã diz respeito simultaneamente a Jesus e à Boa Notícia do reinado de Deus e à vida concreta dos crentes e suas comunidades. É sempre a fé *de* Jesus, mas vivida em novos contextos e em novas situações. Daí o caráter dinâmico, criativo e aberto da fé; daí sua condição de aposta, de risco; daí suas repetidas experiências de crise; daí seu desafio permanente de discernimento e criatividade.

Quando se relativiza ou, pior, quando se contradiz Jesus Cristo e o Evangelho do Reino, a fé deixa de ser cristã – participação na fé de Jesus. Quando se relativizam ou, pior, quando se ignoram os traços e os desafios dos contextos em que os crentes e suas comunidades estão inseridos, a fé deixa de ser seguimento de Jesus. Enquanto *seguimento*, a fé é marcada e condicionada pelos contextos em que os cristãos estão inseridos e pelas possibilidades disponíveis nesses contextos. Enquanto seguimento *de Jesus*, ela se configura como atualização/encarnação da fé de Jesus em novos contextos e em novas situações.

---

[39] GONZÁLEZ, Antonio. "Fé". In: TAMAYO-ACOSTA, Juan-José (dir.). *Nuevo diccionário de teología*. Madrid: Trotta, 2005, 369-376, aqui 369.

Daí que a fé cristã, sendo sempre a mesma (fé de Jesus), é sempre diversa (novos contextos, novas situações).[40] Estes são os traços e os desafios fundamentais com os quais os cristãos e suas comunidades têm que se confrontar permanentemente. E eles são particularmente relevantes em nosso tempo, dada a característica fundamental da crise de fé que nos desafia, a saber, incoerência ou contradição entre a fé professada e celebrada e a vida dos crentes e suas comunidades.

Jesus Cristo e a Boa Notícia do reinado de Deus

É preciso insistir muito em que no centro da fé cristã estão Jesus Cristo e a Boa Notícia do reinado de Deus, ou melhor, está a vida de Jesus como expressão máxima da realização do reinado de Deus neste mundo. Em sua vida concreta, em seu modo de viver, em sua práxis cotidiana, Deus mesmo se faz presente e age no mundo; seu senhorio ou sua realeza vão se tornando realidade. E é preciso insistir muito também, por mais escandaloso que seja, em que a Boa Notícia do reinado de Deus tem a ver fundamentalmente com a justiça ao pobre, ao órfão, à viúva e ao estrangeiro.

Na verdade, Jesus, o Reino e os pobres são inseparáveis. Os estudos bíblicos e cristológicos das últimas décadas têm mostrado de modo cada vez mais consensual que não se pode falar de Jesus Cristo senão a partir e em função do reinado de Deus e que no centro do reinado de Deus está a justiça aos pobres e oprimidos deste mundo.

Por um lado, Jesus e o Reino são inseparáveis. Como bem afirma o teólogo alemão Walter Kasper, "Jesus não se anunciou a si mesmo, mas a Deus e seu reinado";[41] "o centro da mensagem de Jesus e o verdadeiro conteúdo de sua existência é o reinado de Deus".[42] Em Jesus Cristo "sua mensagem e sua pessoa se correspondem":[43] "ele

---

[40] Cf. FRANÇA MIRANDA, Mário de. "Em vista da nova evangelização". *Perspectiva Teológica* 125 (2013) 13-34.
[41] KASPER, Walter. Op. cit., 65.
[42] Ibidem, 62.
[43] Ibidem, 67.

compreende sua vida completamente como obediência ao Pai e como serviço aos homens" e, desse modo, "ele é em sua pessoa a forma de existência do reinado de amor de Deus".[44] Já Orígenes falava de Jesus como *autobasileia*, isto é, o reinado de Deus em pessoa. Por essa razão não se pode falar de Jesus sem falar do reinado de Deus nem se pode seguir a Jesus sem se entregar à Causa do Reino.

Por outro lado, o reinado de Deus tem a ver fundamentalmente com a justiça ao pobre, ao órfão, à viúva e ao estrangeiro – símbolo dos marginalizados de todos os tempos. Joachim Jeremias, exegeta alemão, por exemplo, afirma que "o tema central da proclamação pública de Jesus foi o reinado de Deus"[45] e que "seu traço decisivo" consiste na "oferta de salvação feita por Jesus aos pobres".[46] Nesse sentido, chega a afirmar de modo chocante ou mesmo escandaloso que o reinado de Deus "pertence *unicamente aos pobres*".[47] E Jacques Dupont, exegeta belga, na mesma direção, afirma que nos evangelhos "os pobres são vistos como os beneficiários privilegiados do Reino de Deus"[48] e que esse privilégio "deve ser procurado, não por uma análise gratuita da psicologia dos próprios pobres, mas no conteúdo da boa-nova que lhe é anunciada".[49] A Boa Notícia do reinado de Deus só pode ser compreendida em referência ao "ideal régio" do antigo Oriente Próximo, no qual "o rei, por sua própria missão, é o defensor daqueles que não são capazes de se defender por si mesmos"; "ele é o protetor do pobre, da viúva, do órfão e do oprimido".[50] Nesse sentido, diz Dupont, "poder-se-á compreender perfeitamente que o anúncio

---

[44] Ibidem, 68
[45] JEREMIAS, Joachim. *Teología do Novo Testamento*. São Paulo: Hagnos, 2008, 160.
[46] Ibidem, 176.
[47] Ibidem, 187.
[48] DUPONT, Jacques. "Os pobres e a pobreza segundo os ensinamentos do Evangelho e dos Atos dos Apóstolos". In: DUPONT, Jacques; GEORGE, Augustin et al. *A pobreza evangélica*. São Paulo: Paulinas, 1976, 37-66, aqui 37.
[49] Ibidem, 51.
[50] Ibidem, 53.

do advento do Reino de Deus constitui uma boa-nova, precisamente para os pobres e para os desgraçados".[51]

Este é um dos traços mais fundamentais da experiência bíblica de Deus que atinge sua plenitude em Jesus Cristo. Se tem algo que não se pode negar nem ofuscar na Sagrada Escritura é a centralidade dos pobres e oprimidos na história da salvação. Deus aparece (revelação) como *Go'el* que resgata seus parentes da escravidão, como *Rei* que faz justiça aos pobres e oprimidos, como *Pastor* que apascenta suas ovelhas e as protege dos lobos, como *Pai* que cuida de seus filhos e os socorre em suas necessidades. E a relação com ele (fé) passa sempre pela observância e defesa do direito do pobre e oprimido, pela proximidade ao caído à beira do caminho. Todas as imagens ou metáforas que a Escritura usa para falar da ação e interação entre Deus e seu povo (*Go'el*, Rei, Pastor, Pai etc.) revelam a centralidade dos pobres e oprimidos, expressos no quarteto "pobre-órfão-viúva-estrangeiro". E tanto nas escrituras hebraicas (AT) quanto nas escrituras cristãs (NT). De modo que a salvação dos pobres e oprimidos constitui o coração da história de Deus com seu povo.

Por isso mesmo não se pode pensar a fé à margem dessa história de salvação, cuja metáfora privilegiada nos evangelhos sinóticos é o reinado de Deus. O tema da fé aparece, aí, direta e explicitamente vinculado ao tema do reinado de Deus: seja na apresentação do anúncio de Jesus no início de sua vida pública (Mc 1,15; Mt 4,17), seja como condição para ou reação diante dos sinais de sua chegada na práxis de Jesus (Mc 2,5; 5,34.36; 9,23; 10,52; Mt 8,13; 9,28; 15,28; Lc 17,19). A chegada do reinado de Deus provoca a conversão[52] e convida à fé. São realidades inseparáveis. Como bem afirma Walter Kasper, "fé e reinado de Deus são dois aspectos da única e mesma coisa": "a vinda do reinado de Deus significa que Deus se faz valer no reconhecimento crente do homem"; a fé é "o modo concreto da existência

---

[51] Ibidem, 54.
[52] Cf. FRANÇA MIRANDA, Mário de. Op. cit., 24-27.

do reinado de Deus no homem. Deus é senhor onde é crido como tal, onde se lhe obedece".[53]

De modo que a fé não pode jamais ser identificada com pertença a uma instituição religiosa, com doutrina ou rito religioso, nem com certos estados psicológicos de emoção e bem-estar, muito menos de segurança fundamentalista e intransigente e intimismo narcisista egolátrico. Tendo dimensões pessoal, eclesial, intelectual, litúrgica, psicológica, é muito mais que isso. A fé é um ato que envolve todas as dimensões da vida humana; é entrega radical, confiante e fiel ao Deus de Jesus na realização histórica de seu reinado. É, em sentido estrito, seguimento de Jesus de Nazaré, isto é, confiança em Deus como Pai e obediência e fidelidade ao seu reinado de justiça e fraternidade. Enquanto tal, ela se constitui como *conformação* ou *configuração* de nossa vida e de nosso mundo segundo o dinamismo do reinado de Deus e é medida ou mensurada pela real *conformação* ou *configuração* de nossa vida e de nosso mundo. O Deus em quem realmente cremos se manifesta no modo como realmente vivemos...

Seguimento de Jesus hoje

Tendo insistido naquilo que constitui o núcleo da fé cristã (fé *de* Jesus), é preciso insistir agora em seus traços e desafios epocais (o *hoje* da fé). Pois a fé se vive sempre em um tempo e lugar determinados, em uma situação e em um contexto bem concretos que tanto lhe condicionam negativamente quanto lhe possibilitam positivamente. E aqui é preciso muita lucidez para não cair nem em pessimismo fatalista nem em otimismo ingênuo.

O tema é complexo e exige um tratamento que extrapola os limites e as possibilidades desta reflexão. Em todo caso, abordaremos três características ou traços fundamentais do nosso tempo, discernindo tanto os riscos quanto as chances que eles oferecem para a vivência da fé cristã, enquanto seguimento de Jesus de Nazaré.

---

[53] KASPER, Walter. Op. cit., 64.

Nas periferias do mundo

Subjetividade

Antes de tudo, é preciso reconhecer a importância e relevância da *subjetividade* na cultura atual. Nosso tempo é o tempo dos sentidos, das emoções, das experiências, da realização pessoal. Importa sentir-se bem e feliz. Neste contexto, "ganham peso as experiências pessoais qualificadas, subjetivamente evidentes e afetivamente intensas. Elas são o momento em que o indivíduo *sintoniza* e se une fortemente com o que experimenta, sentindo que tais situações o levam a *ultrapassar* a si próprio, significando assim tais momentos 'valores' para a construção de sua personalidade, já que lhe dão autoconfiança no acerto de sua decisão. Por brotarem de 'dentro da pessoa' são tais experiências de grande resistência podendo suportar arrazoados teóricos e racionais".[54] Elas vêm se tornando cada vez mais o critério fundamental de opção e decisão, não raras vezes em conflito ou contradição com a tradição herdada. Por aí se podem compreender os novos tipos de relacionamento afetivo e familiar, as múltiplas formas de experiências religiosas, a distância e mesmo a aversão às instituições tradicionais e, inclusive, à prática da solidariedade. Tudo passa pelo crivo da realização pessoal e esta é, fundamentalmente, de caráter afetivo, emocional, sentimental.

Sem dúvida, "a ênfase na experiência pessoal pode degenerar num *individualismo* de cunho cultural ou religioso, que prioriza sempre as necessidades e os anseios pessoais de realização, de bem-estar e de proveito próprio [...]. Entretanto, deve ser observado que o contexto sociocultural individualista não significa que seus membros devam forçosamente viver de modo individualista".[55]

Do ponto de vista da vivência da fé, esse traço ou característica de nosso tempo tem levado muitas vezes a uma subjetivação da fé com uma ênfase excessiva nas vivências emocionais intensas e nas questões de ordem subjetiva em detrimento das questões de ordem

---

[54] FRANÇA MIRANDA, Mário de. Op. cit., 19.
[55] Ibidem, 20.

social. Basta ver os cânticos que comumente se cantam nas igrejas: quase não existe um nós; é sempre eu e Deus, meu Deus; até o "Pai nosso" chega a ser transformado em "meu Pai". Nesta perspectiva não é difícil entender por que a preocupação com o "meu pão" (meus problemas) é sempre mais importante e urgente que a preocupação com o "pão nosso" (nossos problemas).

Mas não precisa chegar a isso nem ser assim. A importância e relevância da subjetividade em nosso tempo podem ser também uma grande chance para a fé, na medida em que ela passa necessariamente por uma opção pessoal. Ninguém nasce cristão. Torna-se cristão mediante uma opção pessoal. Seguir a Jesus é uma decisão de cada um. Mas uma decisão que repercute em todas as dimensões da vida. Se a fé, enquanto seguimento de Jesus, passa por uma opção pessoal, não se restringe a questões e interesses pessoais. Pelo contrário. Seguir a Jesus é entregar-se radicalmente ao Pai na entrega aos outros, sobretudo aos caídos à beira do caminho. Na fé cristã, os outros – pobre/órfão/viúva/estrangeiro – têm sempre prioridade. E isso deve se tornar realidade na práxis cotidiana dos crentes e suas comunidades, mas também em sua expressão litúrgica e em sua reflexão teológica.

Pluralismo

Muito ligado à emergência da subjetividade na cultura atual está o *pluralismo* que caracteriza nossa vida societária. A sociedade atual é cada vez mais plural. E em muitos sentidos: sexual, religioso, cultural, moral, político etc. Vivemos o tempo das diferenças, da diversidade, da pluralidade. O desafio maior de nossa época consiste em tornar possível a convivência na diversidade; em encontrar referências e critérios comuns de regulamentação de nossa vida coletiva. E isso não é nada fácil num contexto em que a experiência pessoal intensa se torna cada vez mais o critério de opção e decisão, relativizando sempre mais as convenções e as instituições tradicionais.

Em relação ao período de cristandade, por exemplo, em que os valores cristãos e a Igreja pareciam (!) ser a instância orientadora e reguladora da vida em todas as suas dimensões ou pelo menos eram reconhecidos como tais ou não contestados publicamente, hoje eles se tornaram uma posição ou voz entre outras e uma posição ou voz contestada por muitas outras – religiosas, não religiosas, antirreligiosas. Não é propriamente que a Igreja não tenha mais espaço na sociedade, como bradam os profetas de calamidade em seu sonho/pesadelo de uma volta da cristandade. Ela é uma voz entre outras e sua posição não é nem pode ser mais que uma proposta que poderá convencer ou não, ser aceita ou não pelo conjunto da sociedade.

Certamente, tudo isso pode levar a um relativismo radical com consequências trágicas para o conjunto da sociedade e para a própria experiência subjetiva. Quando não há referências e critérios objetivos, os outros ficam à mercê dos meus interesses e eu mesmo termino ficando à mercê do interesse dos outros. Mas tudo isso é também uma grande chance para a humanidade. Seja na medida em que desabsolutiza costumes, normas e concepções, seja na medida em que abre espaço para a liberdade, desbloqueia a criatividade e faz emergir novas possibilidades para vida humana.

No que diz respeito à vivência da fé em uma sociedade plural, é preciso repensar e reorientar o modo de interação e interferência dos cristãos e suas comunidades no processo de estruturação da vida coletiva. Certamente, eles podem e devem interferir nesse processo a partir e em função do reinado de Deus. Mas só podem fazê-lo a modo de proposta e em interação com outras pessoas e grupos sociais. Não podem sem mais impor aos outros sua posição e seus interesses em qualquer que seja a questão. Devem propô-los sem arrogância e sem prepotência. O poder e a força de suas posições e proposições têm que estar nelas mesmas; em sua capacidade de se tornar "fermento", "sal" e "luz" de humanização da sociedade.

Se os cristãos e suas comunidades quiserem intervir de modo eficaz em nossa sociedade, terão que mostrar/provar com a própria vida a validade, a eficácia e, quiçá, a superioridade de suas posições e proposições para o conjunto da sociedade, inclusive, para a garantia e eficácia do próprio pluralismo que a caracteriza. Do contrário, perderão cada vez mais espaço (tanto real quanto simbólico) na sociedade, comprometendo a eficácia da fé e privando as novas gerações do acesso ao modo de vida de Jesus e seu potencial salvífico-libertador para os nossos dias.

Apatia social

Por fim, um terceiro traço ou característica do nosso tempo é a *apatia social*, a indiferença diante das injustiças e do sofrimento dos outros. É verdade que a relevância da subjetividade em nossa cultura e o caráter plural de nossa sociedade acabaram possibilitando ou contribuindo com a emergência de novos sujeitos sociais e a garantia de seus direitos: mulheres, negros, índios, idosos, homossexuais, pessoas com deficiência, catadores de material reciclável, moradores de rua etc. São novos atores sociais, novas forças sociais. Sua irrupção e a garantia de alguns direitos a esses setores sociais historicamente oprimidos e marginalizados são, sem dúvida nenhuma, uma grande conquista do nosso tempo. Mas tudo isso ainda aparece como uma questão e um problema deles/as e não meu/nosso. Se não me atingir diretamente, não me envolvo nem me sinto responsável. É a lógica da indiferença, do "salve-se quem puder", do "cada um por si". A situação se agrava ainda mais no campo econômico, com as novas formas de acumulação de bens e riquezas e de exploração e injustiça socioambiental: seja por se tratar da forma mais radical de injustiça e opressão (base material da vida), seja pelo sentimento de impotência que cria e pelo conformismo que acaba gerando (impossibilidade de mudanças estruturais). Fato é que a sociedade em geral e a juventude em particular parecem reagir cada vez menos à situação de pobreza e miséria a que está condenada grande parte da humanidade, tornando-se, por omissão ou por comissão, cúmplices de seu decreto de morte. Não sem razão, o papa Francisco tem falado tanto contra a "globalização da indiferença" e falta de solidariedade que caracterizam o nosso mundo e, infelizmente, também a nossa Igreja.

No que diz respeito à vivência da fé cristã, é preciso começar reconhecendo e confessando que a indiferença (mais prática do que teórica!) dos cristãos e suas comunidades diante da miséria, da exploração e do sofrimento de tanta gente é o sinal mais claro e evidente de sua falta de fé, de sua incredulidade. Ela se configura como a negação prática mais radical do Deus de Jesus na negação de seu reinado de justiça e fraternidade. Não há secularismo nem ateísmo pior que esse. A Igreja não existe para si mesma, mas como sinal e instrumento do reinado de Deus neste mundo. Seu lugar fundamental, como indicou o Concílio Vaticano II, é o mundo; mais precisamente o mundo dos pobres e oprimidos, como precisaram Medellín e Puebla. E sua missão fundamental é ser sinal e instrumento de salvação das pessoas e do mundo; salvação que diz respeito a todas as dimensões da vida humana. Voltar-se para si mesma, fechar-se em si mesma, relativizando e/ou ficando indiferente às situações de injustiça e opressão, à dor e ao sofrimento dos outros, é trair sua missão e negar sua identidade. Daí que o desafio maior para os cristãos e suas comunidades em nosso tempo seja retomar as diretrizes fundamentais do Vaticano II e de Medellín/Puebla: voltar-se para o mundo dos pobres e oprimidos, para as periferias sociais e existenciais de nosso mundo, como tanto tem insistido o papa Francisco; ser sinal e instrumento do amor e da misericórdia de Deus que em um mundo de injustiça e de opressão se configura como libertação, como luta pela justiça.[56]

Importa levar a sério a afirmação com a qual se inicia a Constituição Pastoral *Gaudium et Spes* sobre a Igreja no mundo de hoje: "As alegrias e as esperanças, as tristezas e as angústias dos homens de hoje, sobretudo dos pobres e de todos os que sofrem, são também as alegrias e as esperanças, as tristezas e as angústias dos discípulos de Cristo" (GS 1). Aqui, precisamente, está o núcleo e o desafio fundamental da fé cristã, enquanto seguimento de Jesus Cristo, isto é,

---

[56] "A justiça é aquela forma que o amor adota em um mundo de opressão e pecado [...] em um mundo de injustiça, o amor tem que apresentar-se como justiça [...] trata-se da forma histórica do amor objetivado, do amor realizado em uma situação histórica" (ELLACURÍA, Ignácio. "Fe y justiça". In: *Escritos Teológicos III*. San Salvador: UCA, 2002, 307-373, aqui 316).

confiança em Deus como Pai na realização histórica de seu reinado de justiça e fraternidade.

4. A modo de conclusão

A fé cristã é *um modo de vida*: viver como Jesus viveu, isto é, con-*figurar* a vida segundo o Espírito de Jesus: na confiança em Deus como Pai e na fidelidade ao seu reinado de justiça e fraternidade, na relação filial com Deus e fraternal com os irmãos. Identificar ou reduzir a fé a doutrinas ou ritos religiosos é uma forma muito sutil e eficaz de desviar-se do caminho de Jesus, renegar sua fé e mundanizar a Igreja, tornando-a um instrumento útil aos poderes e poderosos deste mundo.

Na verdade, a única herança que Jesus nos deixou e a única riqueza que temos a oferecer às pessoas e ao mundo é esse modo concreto de vida, essa dinâmica de vida, esse Espírito filial e fraternal que nos faz irmãos de todos, começando pelos últimos, e, assim, filhos e filhas de Deus. Certamente, esse modo de vida – vida no Espírito ou vida com Espírito – precisa ser celebrado ritualmente e formulado teoricamente. Mas o que é celebrado ritualmente e formulado teoricamente precisa, antes e acima de tudo, ser vivido, tornar-se realidade, fazer-se carne. Até mesmo para que possa ser celebrado e teorizado.

Daí que o grande desafio pastoral para a Igreja hoje seja voltar--se para a vida concreta de Jesus – em sua relação com Deus (Pai) e em seu serviço aos pobres e marginalizados (reinado de Deus) – e propô-la como modo de vida aos que já se consideram cristãos e às pessoas em geral.[57] E propô-la de tal modo que seja uma Boa Notícia, e uma Boa Notícia carregada de autoridade e digna de credibilidade;

---

[57] "A transmissão da fé consiste em passar a uma outra geração a experiência salvífica vivida na adesão à pessoa de Jesus Cristo como o sentido último e a verdade definitiva da existência humana [...] transmite-se uma realidade viva e atual, transmite-se o próprio Deus doando-se a si próprio na pessoa de Cristo-verdade e do Espírito-força" (FRANÇA MIRANDA, Mário de. Op. cit., 21).

uma Boa Notícia que cause alegria e que valha a pena arriscar-se por causa dela.

Como Pedro e João diante de um paralítico, precisamos dizer, com a própria vida, aos pobres e sofredores de nosso tempo: "Ouro e prata não temos, mas o que temos te damos: em nome de Jesus Cristo, o Nazareno, levante-te e anda!" (At 3,6). A fé de Jesus é fonte de vida e esperança, sobretudo para os pobres e oprimidos deste mundo. Por isso é Boa Notícia. Por isso é eficaz. Vale a pena ser cristão! Vale a pena seguir a Jesus! Vale a pena ter a fé de Jesus! Vale a pena viver como Jesus viveu!

Capítulo II

"Uma Igreja pobre e para os pobres"[1]

Ao expressar o seu profundo desejo de "uma Igreja pobre e para os pobres" e ao colocar os pobres no centro de suas preocupações e orientações pastorais, o novo bispo de Roma se situa na mais genuína Tradição cristã: a Boa Notícia do reinado de Deus, cuja característica mais importante é a justiça aos pobres e oprimidos deste mundo.

Esta Tradição, que nunca se perdeu completamente na história da Igreja, foi retomada de modo muito fecundo e criativo pelo Concílio Vaticano II, com João XXIII e com um grupo de padres conciliares, e, particularmente, pela Igreja latino-americana, com as conferências episcopais de Medellín e Puebla e com a teologia da libertação, nos termos de "Igreja dos pobres" e/ou "opção preferencial pelos pobres".

---

[1] Publicado na *Revista Pistis & Práxis*.

Não obstante as reservas, ponderações, restrições e até perseguições que se deram nas últimas décadas aos setores eclesiais mais comprometidos com os pobres e vinculados à teologia da libertação na América Latina, o ser "dos pobres" ou a "opção pelos pobres" foi se afirmando e se consolidando como uma característica ou uma nota fundamental e constitutiva da Igreja de Jesus Cristo. E tudo isso ganha nova atualidade e adquire novas dimensões e proporções com Francisco, na medida em que põe no centro do seu ministério pastoral o desafio de uma "Igreja pobre e para os pobres".

O tema é amplo e complexo. Ele pode ser abordado do ponto de vista bíblico, histórico, dogmático, litúrgico, moral, pastoral etc. E pode ser abordado em perspectiva econômica, social, política, religiosa, cultural, ambiental, gênero, etnia etc. Nesse texto, queremos, em primeiro lugar, retomar em linhas gerais a problemática da "Igreja dos pobres" no Concílio Vaticano II e na Igreja latino-americana; e, em segundo lugar, apresentar o modo como Francisco retoma e repropõe a problemática para toda a Igreja. Por fim, a modo de conclusão, procuraremos identificar as convergências e diferenças entre Francisco e os teólogos da libertação acerca da Igreja dos pobres.

1. Concílio Vaticano II e a Igreja latino-americana

Certamente, a preocupação com os pobres não é algo novo na vida da Igreja. Não surgiu com o Concílio nem com a teologia da libertação. Mesmo que não tenha sido sempre e em toda parte a preocupação central da Igreja, mesmo que tenha se dado muitas vezes de maneira ambígua e até contraditória e mesmo que tenha desempenhado um papel secundário ou irrelevante na reflexão teológico-dogmática, a preocupação com os pobres sempre foi um aspecto importante da vida da Igreja. Pelo menos, nunca desapareceu completamente nem foi negada de modo explícito e radical.

"Uma Igreja pobre e para os pobres"

Mas ela adquiriu, com o Concílio Vaticano II e, sobretudo, com as conferências episcopais latino-americanas e com a teologia da libertação, nova atualidade, novas dimensões e novas configurações, formuladas nos termos de "Igreja dos pobres" e/ou "opção pelos pobres", que convém retomar e explicitar, inclusive, para compreender a proposta do papa Francisco.

Concílio Vaticano II

Foi o papa João XXIII que, às vésperas do Concílio, usou pela primeira vez a expressão "Igreja dos pobres". Em sua mensagem ao mundo no dia 11 de setembro de 1962, falando de Cristo como luz do mundo e da missão da Igreja de irradiar essa luz, apresenta, de forma surpreendente e inesperada, o que qualifica como um ponto luminoso: "Pensando nos países subdesenvolvidos, a Igreja se apresenta e quer realmente ser a Igreja de todos, em particular, a Igreja dos pobres".[2]

"Trata-se de um texto breve, mas no qual cada palavra é importante. Sua sobriedade e modéstia não devem fazer-nos esquecer seu caráter de fonte".[3] E, de fato, ele se tornou uma das "fontes" de um movimento de extrema importância no processo de renovação conciliar da Igreja: sua relação essencial com os pobres deste mundo. Movimento dinamizado e articulado por um grupo de padres conciliares que ficou conhecido como o nome de "Igreja dos pobres".[4]

---

[2] JOÃO XXIII. "Mensagem radiofônica a todos os fiéis católicos, a um mês da abertura do Concílio". In: VATICANO II. *Mensagens, discursos e documentos*. São Paulo: Paulinas, 2007, 20-26, letra L.

[3] GUTIÉRREZ, Gustavo. "O Concílio Vaticano II na América Latina". In: BEOZZO, José Oscar (org.). *O Vaticano II e a Igreja Latino-americana*. São Paulo: Paulinas, 1985, 17-49, aqui 30.

[4] Cf. PELLETIER, Denis. "Une marginalité engagée: Le groupe 'Jésus, l'Église et les pauvres'". In: LAMBERIGTS, M.; SOETENS, Cl.; GROOTAERS (éd.). *Les commissions conciliaires à Vatican II*. Leuven: Bibliotheek van de Faculteit Godgeleerdheid, 1996, 63-89; ALBERIGO, Giuseppe. *Breve história do Concílio Vaticano II*. Aparecida: Santuário, 2006, 39s, 56s, 62, 132s, 191s; BEOZZO, José Oscar. "Presença e atuação dos bispos brasileiros no Vaticano II". In LOPES GONÇALVES, Paulo Sérgio; BOMBONATTO, Vera Ivanise (org.). *Concílio Vaticano II*: análise e prospectivas. São Paulo: Paulinas, 2004, 117-162, aqui 147-150; CHENU, Marie-Dominique. "A Igreja e os pobres no Vaticano II". *Concilium* 124 (1977) 61-66; GUTIÉRREZ, Gustavo. Op. cit., 31-33; BARREIRO, Álvaro. *Os pobres e o Reino*: do Evangelho a João Paulo II. São Paulo:

Nas periferias do mundo

Provocados e inspirados pela experiência do padre Paul Gauthier e da religiosa carmelita Marie-Thérèse Lescase junto aos operários de Nazaré, bem como pelo livro *Os pobres, Jesus e a Igreja*, de Paul Gauthier,[5] vários bispos e teólogos passaram e se reunir regularmente no Colégio Belga de Roma sob a presidência do cardeal francês Gerlier em torno do projeto "Igreja dos pobres". Esse grupo se tornou um lugar privilegiado de sensibilização e reflexão teológica sobre a relação entre Jesus, a Igreja e os pobres, e fonte de inspiração de muitas intervenções nas aulas conciliares,[6] dentre as quais merece destaque a famosa intervenção do cardeal Lercaro de Bolonha no final da primeira sessão do Concílio, no contexto da discussão do projeto sobre a Igreja.

Ele começa reforçando a tese de Suenens e de Montini de que a "finalidade deste Concílio" deve ser uma "doutrina sobre a Igreja capaz de ir até aos fundamentos, além dos traços de ordem jurídica". Constata uma "lacuna" nos esquemas apresentados para a apreciação dos padres. Eles não levam em conta "o Mistério de Cristo nos pobres" e esta é uma verdade "essencial e primordial" na Revelação. Por isso, afirma, "concluindo esta primeira sessão de nosso Concílio, importa-nos reconhecer e proclamar solenemente: não realizaremos de maneira suficiente nossa tarefa, não receberemos com um espírito aberto o plano de Deus e a expectativa dos homens se não colocarmos, como centro e alma do trabalho doutrinal e legislativo deste Concílio, o mistério de Cristo nos pobres e a evangelização

---

Loyola, 1983, 135-138; VIGIL, José Maria. *Vivendo o Concílio*: guia para a animação conciliar da comunidade cristã. São Paulo: Paulinas, 1987, 164-170.

[5] Cf. GAUTHIER, Paul. *Les pauvres, Jesus et l'Eglise*. Paris: Éditions universitaires, 1962. O Pe. Paul Gauthier era professor de teologia dogmática no Seminário Maior de Dijon, na França. Em 1955 deixou a cátedra e foi viver e trabalhar como operário em Nazaré. Durante o Concílio foi para Roma e desempenhou um papel fundamental de reflexão e articulação junto a um grupo de bispos e teólogos sobre a relação entre Jesus, a Igreja e os pobres.

[6] Para uma visão de conjunto das intervenções dos padres nas aulas conciliares sobre esta questão, cf. idem. *O Concílio e a Igreja dos pobres*: "Consolai meu povo". Petrópolis: Vozes, 1967; idem. *O Evangelho da justiça*. Petrópolis: Vozes, 1969.

dos pobres". E continua, mais adiante: "Não satisfaremos às mais verdadeiras e profundas exigências de nosso tempo [...], mas nos furtaremos a elas, se tratarmos o tema da evangelização dos pobres como um dos numerosos temas do Concílio. Se, na verdade, a Igreja, como já se disse muitas vezes, é o tema deste Concílio, pode-se afirmar, em plena conformidade com a eterna verdade do Evangelho, e ao mesmo tempo em perfeito acordo com a conjuntura presente, que: o tema deste Concílio é bem a Igreja enquanto ela é sobretudo 'a Igreja dos pobres'". Em vista disso, propõe alguns assuntos doutrinais a serem abordados e desenvolvidos e algumas reformas pastorais e institucionais. E conclui falando do "primado da evangelização dos pobres" como "método autêntico" de anúncio do Evangelho, de restauração da unidade dos cristãos e de resposta aos homens do nosso tempo.[7]

Embora exercesse uma pressão espiritual e profética significativa sobre muitos padres conciliares, o grupo "Igreja dos pobres" permaneceu sempre à margem do Concílio e sua repercussão nos documentos aprovados foi muito tímida.[8] Deve-se reconhecer, portanto, que "o grupo não alcançou o que esperava institucionalmente do Concílio"[9] e que "estamos longe da proposta do cardeal Lercaro de fazer da questão da 'Igreja dos pobres' (expressão que não aparece em nenhum documento conciliar) o tema do Concílio".[10] Em todo caso, recuperou e deu visibilidade a um aspecto "essencial e primordial" da revelação e pôs em marcha um processo de renovação eclesial a partir e em vista de sua relação "essencial e primordial" com os pobres deste mundo, começando pelo compromisso assumido pelos próprios membros do grupo, em sua vida e ação pastoral, no *Pacto*

---

[7] LERCARO, Giacomo, apud GAUTHIER, Paul. *O Concílio e a Igreja dos pobres*. Op. cit., 178-182.
[8] Cf. VIGIL, José Maria. Op. cit.; GUTIÉRREZ, Gustavo. Op. cit., 32s.
[9] BEOZZO, José Oscar. Op. cit., 150.
[10] GUTIÉRREZ, Gustavo. Op. cit., 33.

das Catacumbas, celebrado na Catacumba de Santa Domitila, fora de Roma, no dia 16 de novembro de 1965.[11]

Igreja latino-americana

É na Igreja da América Latina, com a Conferência de Medellín e com a teologia da libertação, que o desafio evangélico de uma "Igreja dos pobres" encontrará acolhida e se tornará realidade.

Conferência de Medellín

Um passo importante e decisivo no projeto de uma "Igreja dos pobres" se deu na II Conferência do Episcopado latino-americano e caribenho em Medellín (24/08/1968 –06/09/1968). Ela foi pensada e articulada em vista de uma recepção e atualização do Concílio na América Latina. E, de fato, a Conferência de Medellín[12] significou "a transposição da perspectiva do Concílio e de suas intuições ao contexto específico do continente latino-americano. Sem o Concílio, não teria existido Medellín, mas Medellín não teria sido Medellín sem o esforço corajoso de repensar o acontecimento conciliar a partir da realidade de pobreza e de injustiça que caracterizava a América Latina".[13]

Essa é a marca fundamental e decisiva de Medellín: pensar a identidade e a missão da Igreja em sua referência "essencial e primordial" aos pobres, que constituem a grande maioria dos povos

---

[11] Cf. BEOZZO, José Oscar. *Pacto das Catacumbas*: por uma Igreja servidora e pobre. São Paulo: Paulinas, 2015.

[12] Sobre a Conferência de Medellín, cf. BEOZZO, José Oscar. *A Igreja do Brasil de João XXIII a João Paulo II*: de Medellín a Santo Domingo. Petrópolis: Vozes, 1994; CALIMAN, Cleto. "A trinta anos de Medellín: uma nova consciência eclesial na América Latina". *Perspectiva Teológica* 31 (1999) 163-180; SOUSA, Luis Alberto Gomes de. "A caminhada de Medellín a Puebla". *Perspectiva Teológica* 31 (1999) 223-234; TEPEDINO, Ana Maria. "De Medellín a Aparecida: marcos, trajetórias, perspectivas da Igreja Latino-americana". *Atualidade Teológica* 36 (2010) 376-394.

[13] PALÁCIO, Carlos. "Trinta anos de teologia na América Latina: um depoimento". In: SUSIN, Luis Carlos (org.). *O mar se abriu*: trinta anos de teologia na América Latina. São Paulo: Loyola, 2000, 51-64, aqui 53.

"Uma Igreja pobre e para os pobres"

latino-americanos e caribenhos, o que significou, em última instância, pensá-la como "Igreja dos pobres".

Convém, aqui, retomar e examinar com atenção o Documento 14, que tem como tema precisamente a "pobreza da Igreja".[14] Como os demais documentos, ele está desenvolvido segundo o conhecido método ver-julgar-agir. Começa tratando da "realidade latino-americana", prossegue explicitando a "motivação doutrinária" e conclui com algumas "orientações pastorais".

No que diz respeito à "realidade latino-americana", o texto começa afirmando que o Episcopado "não pode ficar indiferente ante as tremendas injustiças sociais existentes na América Latina que mantêm a maioria de nossos povos numa dolorosa pobreza que em muitos casos chega a ser miséria desumana". Fala do "surdo clamor" que "nasce de milhões de homens pedindo a seus pastores uma libertação que não lhes chega de nenhuma parte", bem como das "queixas de que a hierarquia, o clero e os religiosos são ricos e aliados dos ricos". Faz algumas ponderações com relação à imagem que se tem da Igreja. Chama a atenção para a situação de pobreza de muitas paróquias, dioceses, bispos, sacerdotes e religiosos. Distingue entre o "necessário para a vida e certa segurança" e o carecer do "indispensável" para viver. E conclui reconhecendo que "não faltam casos em que os pobres sentem que seus bispos, párocos e religiosos não se identificam realmente com eles, com seus problemas e angústias e que nem sempre apoiam os que trabalham com eles e defendem sua sorte".[15]

Quanto à "motivação doutrinária", o Documento distingue entre "pobreza como carência", que é "um mal em si"; "pobreza espiritual", "atitude de abertura para Deus", "disponibilidade de quem tudo espera do Senhor"; e "pobreza como compromisso", assumida "por amor" aos pobres, a exemplo de Cristo. A partir destes três

---

[14] Cf. CELAM. *Conclusões de Medellín*. São Paulo: Paulinas, 1987, 143-150.
[15] Ibidem, 143s.

57

sentidos da pobreza, explicita em que consiste a pobreza da Igreja. Uma Igreja pobre, diz o texto, "denuncia a carência injusta dos bens deste mundo e o pecado que a engendra", "prega e vive a pobreza espiritual como atitude de infância espiritual e abertura para o Senhor", e "compromete-se ela mesma com a pobreza material". Isso diz respeito a "todos os membros da Igreja", ainda que seja vivido de diferentes maneiras. E vale, de modo particular, para o continente latino-americano: "A Igreja da América Latina, dadas as condições de pobreza e subdesenvolvimento do continente, sente a urgência de traduzir esse espírito de pobreza em gestos, atitudes e normas, que a tornem um sinal lúcido e autêntico do Senhor. A pobreza de tantos irmãos clama por justiça, solidariedade, testemunho, compromisso, esforço e superação para o cumprimento pleno da missão salvífica confiada por Cristo".[16]

Por fim, e como consequência do que foi dito anteriormente, a grande orientação pastoral: "queremos que a Igreja da América Latina seja evangelizadora e solidária com os pobres, testemunha do valor dos bens do Reino e humilde servidora de todos os homens de nossos povos".[17] Três aspectos inseparáveis, mas irredutíveis: "preferência e solidariedade", "testemunho", "serviço".

1. *Preferência e solidariedade.* "O mandato particular do Senhor, que prevê a evangelização dos pobres, deve levar-nos a uma distribuição tal de esforços e de pessoal apostólico, que deve visar, preferencialmente, os setores mais pobres e necessitados e os povos segregados por uma causa ou outra [...]. Devemos tornar mais aguda a consciência do dever de solidariedade para com os pobres; exigência da caridade. Essa solidariedade implica tornar nossos os seus problemas e suas lutas e em saber falar por eles. Isso há de se concretizar na denúncia da injustiça e da opressão, na luta contra a intolerável situação suportada frequentemente pelo pobre, na

---

[16] Ibidem, 145s.
[17] Ibidem, 146.

disposição de diálogo com os grupos responsáveis por essa situação, para fazê-los compreender suas obrigações [...]. A promoção humana há de ser a linha de nossa ação em favor do pobre [...]. Com esse fim, reconhecemos a necessidade da estruturação racional de nossa pastoral e da integração de nosso esforço com os esforços de outras entidades";[18]

2. *Testemunho*. "Desejamos que nossa habitação e estilo de vida sejam modestos; nossa indumentária simples; nossas obras e instituições funcionais, sem aparato nem ostentação. Pedimos [...] um tratamento que convenha à nossa missão [...], pois desejamos renunciar a títulos honoríficos de outras épocas. [...] esperamos superar o sistema de espórtulas [...] A administração dos bens diocesanos ou paroquiais deverá ser integrada por leigos competentes e dirigida, da melhor forma possível, para o bem de toda comunidade". No mesmo espírito, exorta os "sacerdotes" e as "comunidades religiosas", estimulando de modo particular os que "se sentem chamados a compartilhar da sorte dos pobres" – inserindo-se e vivendo no meio deles. "Estes exemplos autênticos de desprendimento e liberdade de espírito fará com que os demais membros do povo de Deus deem testemunho análogo de pobreza";[19]

3. *Serviço*. "A Igreja não é impulsionada por nenhuma ambição terrena. O que ela quer é ser humilde servidora de todos os homens. Precisamos acentuar esse espírito em nossa América Latina. Queremos que nossa Igreja latino-americana esteja livre de peias temporais, de conveniências indevidas e de prestígio ambíguo; que, livre pelo espírito dos vínculos da riqueza, seja mais transparente e forte sua missão de serviço; que esteja presente na vida e nas tarefas temporais, refletindo a luz de Cristo na construção do mundo".[20]

---

[18] Ibidem, 146s.
[19] Ibidem, 147ss.
[20] Ibidem, 149s.

Tudo isso está na base do que depois se formulou e se consolidou como *Opção preferencial pelos pobres* – "a marca registrada da caminhada eclesial na América Latina".[21] Trata-se, aqui, de uma "opção" claramente cristológica/teológica: "A pobreza de tantos irmãos clama por justiça, esforço e superação para o *cumprimento pleno da missão salvífica confiada por Cristo*"[22] (grifo nosso). Daí a insistência de Gustavo Gutiérrez em que "a relevância do pobre para o Reino de Deus e, por isso mesmo, para o anúncio do Evangelho, é o nervo da mudança que a Igreja latino-americana experimenta"; "esta ótica levou a comunidade cristã latino-americana a retomar a intuição de João XXIII sobre a Igreja dos pobres e a ler a partir daí os grandes temas conciliares para examinar seu alcance para o nosso continente".[23]

Este é o grande mérito e a grande contribuição de Medellín para a Igreja latino-americana e caribenha e, por que não dizer, para toda a Igreja: assumir de modo consequente, tanto do ponto de vista teológico quanto do ponto de vista pastoral, esse aspecto "essencial e primordial" da revelação cristã que é a centralidade dos pobres e oprimidos na história da salvação. E, aqui, precisamente, reside sua insuperabilidade e sua perene atualidade: em pôr no centro da vida e da missão da Igreja aquilo que está no centro da vida e da missão de Jesus Cristo, por mais escandaloso que seja (cf. Lc 7,22s)!

Em Medellín, a insistência/exigência evangélica do Cardeal Lercado de colocar "como centro e alma do trabalho doutrinal e legislativo do Concílio o mistério de Cristo nos pobres e a evangelização dos pobres", tornou-se realidade e, assim, a Igreja de Jesus Cristo aparece,

---

[21] BEOZZO, José Oscar. "Presença e atuação dos bispos brasileiros no Vaticano II". Op. cit., 150. O Documento de Aparecida afirma isso quase com as mesmas palavras: "A opção preferencial pelos pobres é uma das peculiaridades que marca a fisionomia da Igreja latino-americana e caribenha" (391).

[22] CELAM. *Conclusões de Medellín*. Op. cit., 146.

[23] GUTIÉRREZ, Gustavo. Op. cit., 48s.

"Uma Igreja pobre e para os pobres"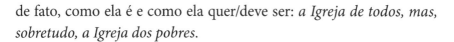

de fato, como ela é e como ela quer/deve ser: *a Igreja de todos, mas, sobretudo, a Igreja dos pobres*.

Teologia da libertação

Essa intuição fundamental foi sendo aprofundada, desenvolvida e formulada pela teologia da libertação de muitos modos e sob diversas perspectivas.[24] E isso foi muito importante, tanto para explicitar e fundamentar a densidade teológica da "Igreja dos pobres" quanto para dinamizar pastoralmente a organização e a missão da Igreja.

A partir dos estudos bíblicos e cristológicos das últimas décadas, os teólogos da libertação foram explicitando e insistindo cada vez mais no vínculo estreito e essencial entre Jesus, o Reino e os pobres. De fato, não se pode falar de Jesus senão a partir e em função do reinado de Deus, e não se pode falar do reinado de Deus sem falar da justiça aos pobres e oprimidos deste mundo.

Por um lado, Jesus e o Reino são inseparáveis. Como bem afirma Walter Kasper, "Jesus não se anunciou a si mesmo, mas a Deus e seu reinado";[25] "o centro da mensagem de Jesus e o verdadeiro conteúdo

---

[24] Cf. ELLACURÍA, Ignacio. "Las bienaventuranzas, carta fundacional de la Iglesia de los pobres". In: *Escritos Teológicos II*. San Salvador: UCA, 2000, 417-437; idem. "El auténtico lugar social de la Iglesia". In: Op. cit., 439-451; idem. "La Iglesia de los pobres, sacramento histórico de liberación". In: Op. cit., 453-485; idem. "Notas teológicas sobre religiosidad popular". In: Op. cit., 487-498; SOBRINO, Jon. *Ressurreição da verdadeira Igreja*: os pobres, lugar teológico da eclesiologia. São Paulo: Loyola, 1982; idem. La Iglesia de los pobres desde el recuerdo de monseñor Romero". *Revista Latinoamericana de Teología* 86 (2012) 135-155; BARREIRO, Álvaro. *Os pobres e o Reino*: do Evangelho a João Paulo II. São Paulo: Loyola, 1983; BOFF, Leonardo. *E a Igreja se fez povo*. Eclesiogênese: a Igreja que nasce da fé do povo. Petrópolis: Vozes, 1991; COMBLIN, José. *O Povo de Deus*. São Paulo: Paulus, 2002, 88-114; AQUINO JÚNIOR, Francisco de. "Igreja dos pobres: sacramento do povo universal de Deus. Tópicos de uma eclesiologia macroecumênica da libertação". In: TOMITA, Luiza; BARROS, Marcelo; VIGIL, José Maria (org.). *Pluralismo e libertação*: por uma teologia latino-americana pluralista a partir da fé cristã. São Paulo: Loyola, 2005, 193-214; idem. "Igreja dos pobres: do Vaticano II a Medellín e aos dias atuais". *REB*, 288 (2012) 807-830; LENZ, Matias Martinho. "O Concílio Vaticano II: a presença da Igreja no mundo em espírito de serviço, em especial aos mais pobres". *Revista Pistis & Práxis* 21 (2012) 421-440; CARIAS, Celso Pinto. "Por uma Igreja pobre: uma experiência eclesial vivida pelas CEBs". *REB*, 292 (2013) 849-864.

[25] KASPER, Walter. *Introducción a la fe*. Salamanca: Sígueme, 1982, 65.

de sua existência é o reinado de Deus".[26] Em Jesus Cristo "sua mensagem e sua pessoa se correspondem":[27] "ele compreende sua vida completamente como obediência ao Pai e como serviço aos homens" e, desse modo, "ele é em sua pessoa a forma de existência do reinado de amor de Deus".[28] Já Orígenes falava de Jesus como *autobasileia*, isto é, o reinado de Deus em pessoa. Por essa razão não se pode falar de Jesus sem falar do reinado de Deus nem se pode seguir a Jesus sem se entregar à Causa do Reino.

Por outro lado, o reinado de Deus tem a ver fundamentalmente com a justiça ao pobre, ao órfão, à viúva e ao estrangeiro – símbolo dos marginalizados de todos os tempos. Joachim Jeremias, por exemplo, afirma que "o tema central da proclamação pública de Jesus foi o reinado de Deus"[29] e que "seu traço decisivo" consiste na "oferta de salvação feita por Jesus aos pobres".[30] Nesse sentido, chega a afirmar de modo chocante ou mesmo escandaloso que o reinado de Deus "pertence *unicamente aos* pobres".[31] E Jacques Dupont, na mesma direção, afirma que nos evangelhos "os pobres são vistos como os beneficiários privilegiados do Reino de Deus"[32] e que esse privilégio "deve ser procurado, não por uma análise gratuita da psicologia dos próprios pobres, mas no conteúdo da boa-nova que lhe é anunciada".[33] A Boa Notícia do reinado de Deus só pode ser compreendida em referência ao "ideal régio" do antigo Oriente Próximo, no qual "o rei, por sua própria missão, é o defensor daqueles que não são capazes de se defender por si mesmos"; "ele é o protetor do pobre, da

---

[26] Ibidem, 62.
[27] Ibidem, 67.
[28] Ibidem, 68
[29] JEREMIAS, Joachim. *Teologia do Novo Testamento*. São Paulo: Hagnos, 2008, 160.
[30] Ibidem, 176.
[31] Ibidem, 187.
[32] DUPONT, Jacques. "Os pobres e a pobreza segundo os ensinamentos do Evangelho e dos Atos dos Apóstolos". In: DUPONT, Jacques; GEORGE, Augustin et al. *A pobreza evangélica*. São Paulo: Paulinas, 1976, 37-66, aqui 37.
[33] Ibidem, 51.

viúva, do órfão e do oprimido".[34] Nesse sentido, diz Dupont, "poder-se-á compreender perfeitamente que o anúncio do advento do Reino de Deus constitui uma boa-nova, precisamente para os pobres e para os desgraçados".[35]

Ora, na medida em que a Igreja é a comunidade dos seguidores e seguidoras de Jesus Cristo e na medida em que no centro da vida e missão de Jesus Cristo está o reinado de Deus, cuja característica mais central e decisiva é a garantia dos direitos dos pobres e oprimidos, a Igreja se constitui como "Igreja dos pobres", para usar a expressão do papa João XXIII. O ser "dos pobres" aparece, aqui, como um aspecto "essencial e primordial" do "mistério de Cristo na Igreja" (Cardeal Lercado),[36] um dos "traços" essenciais da Igreja (Marie-Dominique Chenu),[37] "uma nota constitutiva e configurativa de toda a Igreja" (Ignacio Ellacuría),[38] uma dimensão "essencial da 'verdade' da Igreja" (Álvaro Barreiro).[39] Trata-se, portanto, de uma questão dogmática, de uma verdade fundamental da revelação e da fé cristãs, de uma questão de ortopráxis eclesial e de ortodoxia teológica,[40] sem a qual uma "Igreja" pode ser tudo, menos Igreja de Jesus Cristo. A Igreja que é e deve ser sempre mais *una, santa, católica e apostólica* (Concílio de Constantinopla em 381) é e deve ser sempre mais *dos pobres* (João XXIII). Essa nota é tão essencial e fundamental na Igreja quanto as demais e é tão antiga quanto elas, ainda que sua formulação em termos dogmáticos seja recente.

Certamente, o ser dos pobres não esgota a realidade da Igreja. Afinal, a Igreja que é *dos pobres* é também e sempre *una, santa,*

---

[34] Ibidem, 53.
[35] Ibidem, 54.
[36] LERCARO, Giacomo. Op. cit., 179.
[37] CHENU, Marie-Dominique. "A Igreja dos pobres no Vaticano II". *Concílium* 124 (1977) 61-66, aqui 61.
[38] ELLACURÍA, Ignacio. "Pobres". In: *Escritos Teológicos II*. Op. cit., 171-192, aqui 189.
[39] BARREIRO, Álvaro. Op. cit., 154.
[40] Cf. AQUINO JÚNIOR, Francisco de. "Igreja dos pobres: sacramento do povo universal de Deus. Tópicos de uma eclesiologia macroecumênica da libertação". Op. cit., 210.

católica e *apostólica*, para usar a formulação do símbolo Niceno-
-constantinopolitano. Mas essa é uma de suas notas constitutivas
e essenciais. De modo que, sem ela, a Igreja deixa de ser Igreja
de Jesus Cristo – seu corpo vivo e atuante na história. "Justamente porque a 'opção' preferencial pelos pobres' pertence ao coração mesmo do Evangelho de Jesus Cristo, quando um 'cristão' [ou uma comunidade] não assume conscientemente na sua vida, procurando vivê-la com maior fidelidade, e mais ainda quando de fato se opõe a ela, quaisquer que sejam as razões aduzidas, ele [ela] deixa *ipso facto* de ser cristão, pois coloca-se em contradição frontal com o Evangelho do Reino proclamado por Jesus e com a mesma pessoa de Jesus que é, na expressão de Orígenes, a *autobasileia*, o Reino em pessoa".[41] E isso vale tanto para os cristãos e as igrejas de países/regiões pobres quanto para os cristãos e as igrejas de países/regiões ricos.

Em que consiste concretamente esse ser *dos pobres* ou como ele configura a Igreja em sua totalidade, depende do contexto histórico, das expressões que a pobreza e a opressão vão adquirindo, bem como das reais possibilidades, dos esforços e das lutas por sua superação. Estamos, portanto, diante de uma verdade de fé que se *verifica* (faz-se verdade) na história, adquirindo, assim, diferentes configurações e expressões. De modo que uma abordagem mais ampla e consequente da Igreja dos pobres precisa considerar tanto seu caráter teológico-
-dogmático quanto seu caráter histórico-pastoral. Aqui, em todo caso, basta-nos insistir no fato de que a *Igreja dos pobres* é uma Igreja na qual os pobres estão no centro; uma Igreja que se faz a partir e em função dos pobres e que encontra neles seu princípio de estruturação, organização e missão. E isso marca e determina radicalmente a Igreja em sua totalidade: "quando os pobres se tornam o centro da Igreja, eles dão direção e sentido a tudo o que legitimamente [...] e necessariamente [...] constitui a realidade concreta da Igreja: sua

---

[41] BARREIRO, Álvaro. Op. cit., 8s.

pregação e ação, suas estruturas administrativas, culturais, dogmáticas, teológicas etc.".[42]

Com isso, cremos ter apresentado, em grandes linhas, a compreensão de "Igreja dos pobres" que, partindo da intuição de João XXIII e do grupo "Igreja dos pobres" no Concílio, vem sendo desenvolvida e efetivada – de maneiras diversas e com acentos diversos – em várias Igrejas do continente latino-americano e caribenho, de onde provém o novo bispo de Roma, o papa Francisco.

2. Papa Francisco

O projeto de "uma Igreja pobre e para os pobres" está no centro das preocupações e orientações pastorais de Francisco e é a marca evangélica mais característica de seu ministério pastoral. É o que o vincula de modo mais visível e radical à Boa Notícia do reinado de Deus, centro da vida e missão de Jesus de Nazaré. Aqui está o núcleo e a pedra de toque de seu ministério e do movimento de "conversão" e/ou "reforma" pastoral por ele desencadeado e conduzido.

Não é preciso retomar e repetir as muitas afirmações e os muitos gestos de Francisco que indicam e sinalizam "uma Igreja pobre e para os pobres": *pobre no jeito de ser* (simplicidade e austeridade no modo de vida e nas expressões simbólico-rituais) e *comprometida com os pobres* (proximidade física dos pobres e prioridade pastoral). São amplamente divulgados nos meios de comunicação e, assim, de domínio público. Curiosamente, parecem repercutir e impactar positivamente muito mais em outros setores da sociedade que na Igreja ou pelo menos nas instâncias de governo da Igreja.

Aqui nos interessa apenas explicitar os fundamentos teológicos da centralidade dos pobres na Igreja apresentados por Francisco, bem como o modo como ele compreende, vive e repropõe pastoralmente a "opção pelos pobres" para toda a Igreja. Para isso, tomaremos como

---

[42] SOBRINO, Jon. Op. cit., 103.

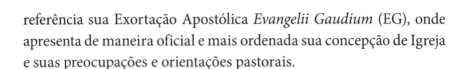 Nas periferias do mundo

referência sua Exortação Apostólica *Evangelii Gaudium* (EG), onde apresenta de maneira oficial e mais ordenada sua concepção de Igreja e suas preocupações e orientações pastorais.

Fundamentos teológicos

Francisco afirma de modo claro e contundente que "para a Igreja, a opção pelos pobres é mais uma categoria teológica que cultural, sociológica, política ou filosófica" (EG 198): "no coração de Deus, ocupam lugar preferencial os pobres" (EG 197) e "esta preferência divina tem consequências na vida de fé de todos os cristãos" (EG 198) e do conjunto da Igreja. "Inspirada por tal preferência, a Igreja fez uma *opção pelos pobres*, entendida como uma 'forma especial de primado da prática da caridade cristã, testemunhada por toda tradição da Igreja'" [João Paulo II]; uma *opção* que "está implícita na fé cristológica naquele Deus que se fez pobre por nós, para enriquecer-nos com sua pobreza" [Bento XVI] (EG 198). Neste contexto, apresenta e justifica seu desejo de "uma Igreja pobre para os pobres" (EG 198).

Percorrendo vários textos da Escritura e a reflexão da Igreja ao longo dos séculos, particularmente nas últimas décadas, Francisco vai mostrando como "todo o caminho da nossa redenção está assinalado pelos pobres" (EG 197) e insistindo, a partir daí, na "conexão íntima que existe entre evangelização e promoção humana" (EG 178), bem como no primado ou privilégio dos pobres na ação evangelizadora da Igreja: "Não devem subsistir dúvidas nem explicações que debilitem esta mensagem claríssima. Hoje e sempre, 'os pobres são os destinatários privilegiados do Evangelho', e a evangelização dirigida gratuitamente a eles é sinal do Reino que Jesus veio trazer. Há que afirmar sem rodeios que existe um vínculo indissolúvel entre nossa fé e os pobres" (EG 48). Ficar "surdo" ao clamor dos pobres, "coloca-nos fora da vontade do Pai e do seu projeto"; "a falta de solidariedade, nas suas necessidades, influi diretamente sobre nossa relação com Deus" (EG 187). E nisso não há dúvidas, titubeio ou meias

"Uma Igreja pobre e para os pobres"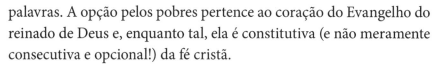

palavras. A opção pelos pobres pertence ao coração do Evangelho do reinado de Deus e, enquanto tal, ela é constitutiva (e não meramente consecutiva e opcional!) da fé cristã.

Nesse sentido, pode-se compreender o fato de Francisco falar, às vezes, simplesmente, de "opção pelos pobres" (EG 195, 198), sem os receios, os escrúpulos e as ponderações que, em décadas anteriores, se traduziam numa série de adjetivos (preferencial, não exclusiva nem excludente etc.)[43] que, mais que explicitar e precisar seu sentido, terminavam por enfraquecê-la e torná-la irrelevante na vida da Igreja.

E, nesse mesmo sentido, pode-se compreender também sua reação contra as tentativas (teológico-ideológicas!) de relativizar e enfraquecer a opção pelos pobres:

> É uma mensagem tão clara, tão direta, tão simples e eloquente que nenhuma hermenêutica eclesial tem o direito de relativizá-la. A reflexão da Igreja sobre estes textos não deveria ofuscar nem enfraquecer seu sentido exortativo, mas antes ajudar a assumi-los com coragem e ardor. Para que complicar o que é tão simples? As elaborações conceituais hão de favorecer o contato com a realidade que pretendem explicar, e não afastar-nos dela. Isso vale, sobretudo, para as exortações bíblicas que convidam, com tanta determinação, ao amor fraterno, ao serviço humilde e generoso, à justiça, à misericórdia para com o pobre" (EG 194).

Continua tendo "uma grande atualidade" o "critério-chave de autenticidade" eclesial indicado pelo chamado Concílio de Jerusalém: não esquecer os pobres (Gl 2, 10). Se há "um sinal que nunca deve faltar" entre nós é "a opção pelos últimos, por aqueles que a sociedade descarta e lança fora" (EG 195). Aqui se joga e se mede a autenticidade, a fidelidade e a credibilidade evangélicas da Igreja.

---

[43] Já em *Puebla*, a "opção pelos pobres" é afirmada como "opção preferencial e solidária" (1134) e "não exclusiva" (1165), num tom claramente corretivo, como se pode comprovar no próprio texto (cf. 1134). *Santo Domingo* segue o mesmo caminho, falando de uma "opção evangélica e preferencial, não exclusiva nem excludente" (178). E *Aparecida*, mesmo sem o tom corretivo de Puebla e Santo Domingo, não deixa de reafirmar ou advertir que se trata de uma opção "não exclusiva nem excludente" (392).

Nas periferias do mundo

Ação pastoral

Os fundamentos teológicos da "opção pelos pobres" são claros: "deriva da nossa fé em Jesus Cristo" (EG 186), "deriva da própria obra libertadora da graça em cada um de nós" (EG 188). Não é uma questão meramente opcional. É algo constitutivo da fé cristã (cf. EG 48). Por isso mesmo, os cristãos e as comunidades cristãs "são chamados, em todo lugar e circunstância, a ouvir o clamor dos pobres" (EG 191) e a "ser instrumentos de Deus ao serviço da libertação e promoção dos pobres" (EG 187).

Mas é preciso explicitar quem são os pobres, aos quais Francisco se refere, e como ele compreende e propõe pastoralmente a "opção pelos pobres" na Igreja.

Os pobres

A expressão "pobre" tem um sentido bastante amplo para Francisco, mas não tão amplo a ponto de, cinicamente, incluir-nos a todos, como se todos fôssemos pobres. Isso, além de encobrir as injustiças e desigualdades sociais e falsificar a realidade, terminaria, na prática, negando a opção pelos pobres. Afinal, se somos todos pobres, a opção pelos pobres é opção por todos. E quando todos se tornam prioridade, ninguém mais é prioridade.

Sem dúvida, em sua ação missionária, a Igreja "há de chegar a todos, sem exceção", mas privilegiando "não tanto aos amigos e vizinhos ricos, mas sobretudo aos pobres e aos doentes, àqueles que muitas vezes são desprezados e esquecidos" (EG 48). Francisco tem falado muitas vezes de "periferia" para se referir ao mundo dos pobres como destinatários privilegiados da ação evangelizadora. A Igreja tem que se voltar para as periferias do mundo – "todas as periferias" (EG 20, 30, 59): as periferias sociais e as periferias existenciais. Ela tem que "cuidar dos mais frágeis da terra" (EG 209). Falando das "novas formas de pobreza e de fragilidade", ele faz referência aos sem abrigo, aos toxicodependentes, aos refugiados, aos povos indígenas, aos idosos, aos migrantes, às mulheres, aos nascituros e ao conjunto da criação (EG 210-215). De modo que, quanto fala de "pobre" e/ou de "periferia", Francisco fala dos excluídos (econômica, social, política, culturalmente etc.), dos pequenos, dos que sofrem, enfim, "dos mais frágeis da terra". Esses, precisamente, têm que estar no centro das preocupações e prioridades pastorais da Igreja.

Opção pelos pobres

Essas preocupações e prioridades devem se concretizar na vida dos cristãos e das comunidades cristãs. Não se pode ficar apenas nos "grandes princípios" e em "meras generalizações". É preciso agir; "incidir com eficácia" nas situações de pobreza e sofrimento (cf. EG 182). E aqui não existe receita. Depende das circunstâncias e das possibilidades de ação. Exige muita lucidez, criatividade e ousadia (cf. EG 51, 184). Mesmo assim, Francisco faz algumas advertências e apresenta algumas diretrizes para dinamizar pastoralmente a opção pelos pobres na vida da Igreja.

1. Antes de tudo, a intuição e a novidade maior que vem de Medellín e que foi se impondo, teórica e pastoralmente, na Igreja da América Latina e que é, sem dúvida, a contribuição maior de nossa Igreja para conjunto da Igreja: a opção pelos pobres "envolve tanto a cooperação para resolver as causas estruturais da pobreza e promover o desenvolvimento integral dos pobres, como os gestos mais simples e diários de solidariedade para com as misérias muito concretas que encontramos" (EG 188); passa não só pelos gestos pessoais e comunitários de solidariedade, mas também pela luta pela transformação das estruturas da sociedade.

2. Mas, além dessa intuição e orientação mais fundamental, e como seu desenvolvimento, Francisco indica, a partir de sua própria experiência pastoral, alguns aspectos ou exigências da opção pelos pobres que bem podem ser entendidos como uma pedagogia ou um itinerário no compromisso com os pobres e que, no fundo, revelam sua compreensão e seu modo de viver a opção pelos pobres.

Em primeiro lugar, a proximidade física dos pobres e o esforço por socorrê-los em suas necessidades imediatas. É preciso escutar o "clamor do pobre" e estar disposto a "socorrê-lo" (EG187). Tudo começa com a "atenção" prestada ao pobre. "Esta atenção amiga é o início de uma verdadeira preocupação pela sua pessoa e, a partir dela, desejo de procurar efetivamente o seu bem". A "autêntica opção pelos pobres" se caracteriza por um "amor autêntico" e desinteressado aos pobres, o que impede tanto sua redução a um ativismo assistencialista quanto sua utilização ideológica "ao serviço de interesses individuais ou políticos". É no contexto mais amplo da "atenção" e do "amor" aos pobres que as "ações" e os "programas de promoção e assistência" devem ser desenvolvidos e é "unicamente a partir desta proximidade real e cordial que podemos acompanhá-los adequadamente no seu caminho de libertação". Essa é "a maior e mais eficaz apresentação da Boa-Nova do Reino" e é isso que possibilitará aos pobres se sentirem "em casa" na comunidade eclesial (EG 199).

Em segundo lugar, o "cuidado espiritual" com os pobres. "A imensa maioria dos pobres possui uma especial abertura à fé; tem necessidade de Deus e não podemos deixar de lhe oferecer a sua amizade, a sua bênção, a sua Palavra; a celebração dos sacramentos e a proposta de um caminho de crescimento e amadurecimento na fé".[44] Daí por que "a opção preferencial pelos pobres deve traduzir-se, principalmente, numa solicitude religiosa privilegiada e prioritária". Francisco chega a afirmar que "a pior discriminação que sofrem os pobres é a falta de cuidado espiritual" (EG 200). Mas isso não significa que os pobres sejam meros objetos de assistência religiosa. Eles têm um "potencial evangelizador" (Puebla, 1147). E "é necessário que todos nos

---

[44] Francisco fala, aqui, sem dúvida, a partir do contexto argentino e latino-americano, profundamente marcado pela tradição "cristã-católica". Haveria que se perguntar se isso vale e em que medida para outros contextos não tão fortemente marcados pelo cristianismo, como a Ásia, ou profundamente secularizados, como a Europa. Em todo caso, e mesmo considerando que "esta Exortação se dirige aos membros da Igreja Católica" (EG, 2000), não parece que o "cuidado espiritual" dos pobres possa se dar da mesma forma em ambientes culturais e religiosos tão distintos como América Latina, Ásia e Europa.

deixemos evangelizar por eles. A nova evangelização é um convite a reconhecer a força salvífica das suas vidas, e a colocá-los no centro do caminho da Igreja. Somos chamados a descobrir Cristo neles: não só a emprestar-lhes a nossa voz nas suas causas, mas também a ser seus amigos, a escutá-los, a compreendê-los e a acolher a misteriosa sabedoria que Deus nos quer comunicar através deles" (EG 198).

Em terceiro lugar, a vivência e o fortalecimento de uma cultura da solidariedade. Isso "significa muito mais do que alguns atos esporádicos de generosidade; supõe a criação de uma nova mentalidade que pense em termos de comunidade, de prioridade da vida de todos sobre a apropriação dos bens por parte de alguns" (EG 188), e que enfrente e supere a "cultura do descartável" (EG 53), o "ideal egoísta" e a "globalização da indiferença" que se desenvolveram e se impuseram em nosso mundo, tornando-nos "incapazes de nos compadecer ao ouvir os clamores alheios" e desresponsabilizando-nos diante de suas necessidades e de seus sofrimentos (EG 54, 67). "A solidariedade é uma reação espontânea de quem reconhece a função social da propriedade e o destino universal dos bens". Tem a ver com convicções e práticas. E é fundamental, inclusive, para a realização e a viabilidade de "outras transformações estruturais" na sociedade, pois "uma mudança nas estruturas, sem gerar novas convicções e atitudes, fará com que essas mesmas estruturas, mais cedo ou mais tarde, se tornem pesadas e ineficazes" (EG 189).

Em quarto lugar, o enfrentamento das causas estruturais da pobreza e da injustiça no mundo. "Embora 'a justa ordem da sociedade e do Estado seja dever central da política', a Igreja 'não pode nem deve ficar à margem na luta pela justiça'" (EG183). E essa é uma tarefa urgente em nosso mundo. "A necessidade de resolver as causas estruturais da pobreza não pode esperar [...]. Os planos de assistência, que acorrem a determinadas emergências, deveriam considerar-se como respostas provisórias. Enquanto não forem solucionados os problemas dos pobres, renunciando à autonomia absoluta dos mercados e da especulação financeira e atacando as causas estruturais da desigualdade social, não se resolverão os problemas do mundo e, em definitivo, problema algum. A desigualdade é a raiz dos males sociais" (EG 202). E precisa ser enfrentada com responsabilidade e radicalidade. Temos que dizer NÃO a uma "economia da exclusão" (EG 53s), à "nova idolatria do dinheiro" (EG 55s), a "um dinheiro que governa em vez de servir" (EG 57s), à "desigualdade social que gera violência" (EG 59s). "Não podemos mais confiar nas forças cegas e na mão invisível do mercado" (EG 204). E temos que lutar por uma nova "política econômica" (cf. EG 203) que garanta condições de vida decente para todos (cf. EG 192). Sem isso não é possível nenhum "consenso" social autêntico nem haverá paz no mundo (cf. EG 218).

É importante enfatizar que a opção pelos pobres não é "uma missão reservada apenas a alguns" (EG188). É tarefa de todos. "Ninguém deveria dizer que se mantém longe dos pobres, porque as suas opções de vida implicam prestar mais atenção a outras incumbências"; "ninguém pode sentir-se exonerado da preocupação pelos pobres e pela justiça social" (EG 201). "Todos os cristãos, incluindo os pastores, são chamados a preocupar-se com a construção de um mundo melhor", unindo-se, nesta tarefa, às "demais Igrejas e comunidades eclesiais" (EG 183). "Cada cristão e cada comunidade são chamados a ser instrumentos de Deus ao serviço da libertação e da promoção dos pobres" (EG 187). Uma comunidade que não se compromete criativamente com a causa dos pobres, "facilmente acabará submersa pelo mundanismo espiritual, dissimulado em práticas religiosas, reuniões infecundas ou discursos vazios" (EG 207).

3. Francisco e a teologia da libertação

Por fim, convém nos perguntarmos pela relação entre o projeto de "uma Igreja pobre para os pobres" do papa Francisco e a teologia da libertação latino-americana. Isso é importante tanto pela proximidade visível e pelo chão e procedência comuns de ambos, quanto pelas tensões e conflitos entre a cúria romana e os teólogos da libertação

"Uma Igreja pobre e para os pobres"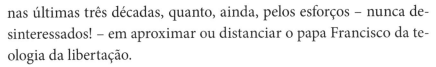

nas últimas três décadas, quanto, ainda, pelos esforços – nunca desinteressados! – em aproximar ou distanciar o papa Francisco da teologia da libertação.

Antes de tudo, é preciso deixar bem claro que Francisco não é um teólogo da libertação nem sequer pode ser contado entre os bispos latino-americanos que mais promoveram, defenderam e propagaram esta teologia. E é preciso reconhecer, inclusive, que, em muitos pontos, há diferenças e mesmo divergências entre seu pensamento e o pensamento da maioria dos teólogos da libertação; não tanto em relação à teologia da libertação desenvolvida na Argentina, conhecida como "teologia popular" ou "teologia do povo",[45] e que difere e diverge consideravelmente das teologias da libertação desenvolvidas nos demais países nas décadas de 1970 e 1980. Mas é preciso reconhecer também que há muitos pontos de convergência e sintonia, particularmente no que diz respeito à dimensão social da fé e ao "vínculo indissolúvel entre nossa fé e os pobres", formulado nos termos de "Igreja pobre para os pobres" ou "opção pelos pobres".

Neste ponto, em especial, não há como negar a profunda sintonia entre Francisco e o conjunto dos teólogos da libertação. Ambos afirmam sem meias palavras a centralidade dos pobres na revelação e na fé cristãs. Aqui está o ponto fundamental de encontro entre Francisco e a teologia da libertação nas suas mais diversas perspectivas e configurações. Isso explica e justifica a aproximação ou mesmo identificação que muitas pessoas fazem de Francisco com a teologia

---

[45] Para uma compreensão mais global dessa teologia e de seus pressupostos teóricos, tal como foi desenvolvida por Juan Carlos Scannone, um dos seus principais representantes, cf. SCANNONE, Juan Carlos. *Teología de la liberación y praxis popular*: aportes críticos para una teología de la liberación. Salamanca: Sígueme, 1976; idem. "A Teologia da libertação: caracterização, correntes, etapas". In: NEUFELD, Karl Heinz. *Problemas e perspectivas de teologia dogmática*. São Paulo: Loyola, 1993, 321-346; idem. *Nuevo punto de partida de la filosofía latinoamerica*. Buenos Aires: Guadalupe, 1990; AQUINO JÚNIOR, Francisco. *A teologia como intelecção do reinado de Deus*: o método da teologia da libertação segundo Ignácio Ellacuría. São Paulo: Loyola, 2010, 59-69; OLIVEIRA, Manfredo Araújo de. *Reviravolta linguístico-pragmática na filosofia contemporânea*. São Paulo: Loyola, 1996, 389-415.

da libertação. E isso explica também o entusiasmo e a sintonia dos teólogos da libertação com o novo bispo de Roma.

Mas essa profunda sintonia não nega diferenças e mesmo divergências no modo de propor e dinamizar pastoralmente a opção pelos pobres. Diferenças e divergências que se dão, aliás, no interior da própria teologia da libertação. Desde o início, ela se constituiu como um movimento teológico-pastoral extremamente complexo e plural e isso se intensificou e se ampliou enormemente nas duas últimas décadas com o desenvolvimento de novas perspectivas teológicas: gênero, raça, etnia, ecologia e macroecumenismo. Nunca existiu uma única teologia da libertação. Por mais sintonia e unidade que haja entre as várias teologias da libertação, trata-se de sintonia e unidade plurais, diversas, tensas e, não raras vezes, divergentes.

No contexto das primeiras décadas de desenvolvimento da teologia da libertação na América Latina, as diferenças e divergências maiores se davam em relação à teologia da libertação desenvolvida na Argentina: enquanto a maioria dos teólogos da libertação acentuava e desenvolvia mais a dimensão socioestrutural da teologia, os teólogos da libertação argentina acentuavam e desenvolviam mais a dimensão cultural da teologia; consequentemente, enquanto aqueles priorizavam a mediação das ciências e organizações sociais, estes priorizavam a mediação das ciências hermenêuticas e antropológicas, bem como da sabedoria e religiosidade populares. E aqui, parece-nos, se situa a diferença e a divergência entre Francisco e a maioria dos teólogos da libertação das primeiras décadas no modo de propor e dinamizar a opção pelos pobres. Francisco se situa fundamentalmente na linha da teologia da libertação argentina,[46] com um enfoque mais cultural que socioeconômico, acentuando mais a unidade que o conflito e priorizando as mediações culturais às mediações estruturais. Vejamos.

---

[46] Cf. BIANCHI, Enrique C. "Der Geist weht vom Süden her und drängt die Kirche hin zu den Armen". In: HOLZTRATTNER, Magdalena (hg.). *Innovation Armut, wohin führt Papst Franziskus die Kirche?* Innsbrück: Tyrolia, 2013, 51-61; SCANNONE, Juan Carlos. "Papa Francesco y la teologia del popolo". *La Civiltá Cattolica* 3930 (2014) 553-656.

1. É claro que a dimensão socioestrutural da vida humana interessa a Francisco e ele tem tratado explicitamente desta questão em muitas ocasiões, particularmente na Exortação Apostólica *Evangelii Gaudium*, conforme indicamos acima. Mas, se observamos bem, veremos que seu foco e enfoque, tanto no que diz respeito à análise ou interpretação da realidade quanto no que diz respeito a suas proposições, é fundamentalmente cultural-religioso; centrado na problemática das mentalidades, das convicções, dos valores e dos critérios que orientam e regulam a ação humana. Daí sua crítica constante à "cultura do descartável" (EG 53), ao "ideal egoísta", à "globalização da indiferença" (EG 54), ao "individualismo pós-moderno globalizado" (EG 67). Daí sua insistência na importância e urgência de uma cultura da "solidariedade" (EG 188s), inclusive como condição e caminho para as "transformações estruturais" (EG 189).

2. Francisco nem nega nem encobre as divisões e os conflitos que caracterizam nossa sociedade. Pelo contrário. Ele tem falado com insistência sobre e contra essas divisões e esses conflitos como um mal e, mais radicalmente, como um pecado. Mas seu foco e enfoque não estão na análise dessas divisões e desses conflitos, mas na insistência na necessidade de sua superação através do diálogo (EG 238-258) e da construção de uma cultura de solidariedade (cf. EG 188s). Para ele, "o conflito não pode ser ignorado ou dissimulado; deve ser aceito. Mas, se ficarmos encurralados nele, perdemos a perspectiva, os horizontes reduzem-se e a própria realidade fica fragmentada. Quando paramos na conjuntura conflitual, perdemos o sentido da unidade profunda da realidade" (EG 226).[47] Não obstante a verdade dessa posição, o risco, aqui, é acentuar de modo excessivo a unidade sem considerar

---

[47] Essa mesma tese encontra-se formulada por Scannone nos termos de "prioridade lógica e ontológica" da "dialética homem-mulher" [encontro em relação de fraternidade] sobre a "dialética senhor-escravo" [conflito em relação de dominação] (cf. SCANNONE, Juan Carlos. *Nuevo punto de partida de la filosofía latinoamericana*. Op. cit., 177s). "Não se trata apenas de um imperativo ético de primazia do encontro sobre o conflito, mas de uma estrutura ontológica" (ibidem, 178).

suficientemente a estrutura conflitual da sociedade, desembocando num otimismo idealista e ineficaz.[48]

3. E tudo isso repercute nas orientações e proposições pastorais. Provavelmente, aqui, aparece a diferença maior de enfoque e de caminho no modo de propor e dinamizar pastoralmente a opção pelos pobres entre Francisco e a teologia da libertação. Enquanto esta, na linha aberta por Medellín e Puebla, acentua a dimensão socioestrutural da vida e a necessidade de mediações teóricas e práticas que propiciem uma verdadeira transformação das estruturas da sociedade, Francisco, em sintonia com a teologia desenvolvida na Argentina, volta-se mais para a dimensão cultural-religiosa da vida humana, insistindo na necessidade e urgência de uma cultura da solidariedade, mediada pela "construção de uma nova mentalidade" (EG 188) que se traduza em "convicções e práticas de solidariedade" (EG 189).[49]

Embora sejam diferentes, estes acentos e enfoques não se contrapõem sem mais. Podem e devem se complementar. O grande desafio consiste em articulá-los de maneira coerente e eficaz, de modo a garantir que a justiça, entendida como efetivação do direito dos pobres e oprimidos, torne-se realidade em nosso mundo. Pois se não é possível verdadeira transformação das estruturas da sociedade sem transformação das mentalidades e dos valores culturais-religiosos (cf. EG 189), a transformação das mentalidades e dos valores culturais-religiosos precisa se traduzir nas estruturas da sociedade, e em boa medida é, já, possibilitada e mediada por novas estruturas

---

[48] Grosso modo, é o risco da teologia popular argentina, como reconhece o próprio Scannone: "o risco de cair em certo romantismo populista facilmente instrumentalizável pelas forças antilibertadoras ou em mero reformismo ineficaz que confunda viabilidade com conchavo" (idem. *Teología de la liberación y praxis popular*. Op. cit., 75); o risco de um "uso ideológico populista" que "encobre a real conflitividade histórica e a exigência ético-histórica de sua superação na justiça" (idem. *Nuevo punto de partida de la filosofía latinoamericana*. Op. cit., 184s).

[49] Esse foi um dos temas centrais dos discursos de Francisco na Jornada Mundial da Juventude que aconteceu no Rio de Janeiro em julho de 2013, como se pode ver nos discursos proferidos na visita à comunidade de Varginha, na missa com os bispos, padres, religiosos e seminaristas, no encontro com a classe dirigente e na entrevista à rádio da arquidiocese do Rio de Janeiro (cf. *Palavras do Papa Francisco no Brasil*. São Paulo: Paulinas, 2013). E esse tema tem voltado sempre em suas homilias e discursos.

sociais. Noutras palavras, a opção pelos pobres tem tanto uma dimensão cultural quanto uma dimensão socioestrutural. Ela deve ser mediada cultural e estruturalmente. E de tal modo que possa ir configurando as estruturas da sociedade e a cultura a partir e em vista dos pobres e oprimidos deste mundo, que são, n'Ele, juízes e senhores de nossas vidas, comunidades, teologias, sociedades e culturas (cf. Mt 25,31-46).

CAPÍTULO III
Fé e justiça[1]

1. Questões introdutórias

Importância do tema

A temática "fé e justiça" é como um fio de ouro que perpassa, articula e costura as muitas páginas da Bíblia. Não é apenas um tema entre outros, por mais importante que seja. Nem muito menos algo secundário e preterível. Ela constitui o núcleo fundamental da experiência judaico-cristã de Deus: caracteriza e/ou descreve tanto o Deus de Israel e de Jesus quanto o Povo de Deus em sua mútua relação e interação.

Na verdade, "a preocupação com a justiça foi constante entre os povos do Antigo Oriente Próximo. E, dentro de Israel, a sabedoria tribal, o culto, as leis, desde antanho procuraram inculcar [...] o

---

[1] Publicado na enciclopédia digital *Theologica Latinoamericana*. Disponível em: http://theologicalatinoamericana.com/?p=183.

interesse e o afeto pelas pessoas mais fracas".[2] A tal ponto que se pode afirmar que "a mensagem da Bíblia está centrada fundamentalmente em torno da justiça inter-humana, isto é, das justas relações com os demais em todos os âmbitos".[3]

A justiça constitui o "coração da religião de Israel e de Jesus",[4] a "ideia central unificadora da teologia bíblica de Israel".[5] É "um destes conceitos-matriz em torno do qual pode estruturar-se todo o cristianismo".[6] A fé cristã "encontra na categoria bíblica de justiça uma de suas expressões mais adequadas".[7] De modo que, sem cair em nenhum tipo de reducionismo, podemos afirmar seguramente que, ao tratar da problemática da relação "fé e justiça", situamo-nos no coração mesmo da fé e da teologia judaico-cristãs, tocando em "um dos temas mais graves da práxis cristã"[8] e em um dos problemas "mais urgentes, importantes e decisivos para a reta orientação da missão da Igreja".[9]

A dimensão social da fé

A fé é o ato pelo qual se adere confiante e fielmente a Deus e ao seu projeto de salvação. É resposta humana à proposta de Deus. A iniciativa é de Deus (proposta). Mas, para se tornar real e efetiva,

---

[2] SICRE, José Luis. *Profetismo em Israel*: o profeta, os profetas, a mensagem. Petrópolis: Vozes, 2008, 357.

[3] ALONSO DÍAS, Jose. "Términos bíblicos de 'justicia social' y traducción de 'equivalencia dinâmica'". *Estúdios Eclesiásticos* 51 (1976) 95-128, aqui 98.

[4] AGUIRRE, Rafael; VITORIA CORMENZANA, Francisco Javier. "Justicia". In: ELLACURÍA, Ignacio; SOBRINO, Jon. *Mysterium Liberationis*. Conceptos fundamentales de la Teología de la liberación II. San Salvador: UCA, 1994, 539-577, aqui 541.

[5] CODINA, Victor. "Fe en Dios y práxis de la justicia". In: SOTER (org.). *Deus e vida*. Desafios, alternativas e o futuro da América Latina e do Caribe. São Paulo: Paulinas, 2008, 129-149, aqui 133.

[6] GONZÁLEZ FAUS, Jose Ignacio. "Justiça". In: FLORISTAN-SAMANES, Cassiano; TAMAYO--ACOSTA, Juan-Jose. *Dicionário de Conceitos Fundamentais do Cristianismo*. São Paulo: Paulus, 1999, 389-394, aqui 394.

[7] AGUIRRE, Rafael; VITORIA CORMENZANA, Francisco Javier. Op. cit., 562.

[8] ELLACURÍA, Ignacio. "Fé y Justicia". In: *Escritos Teológicos III*. San Salvador: UCA, 2002, 3017-373, aqui 307.

[9] ELLACURÍA, Ignacio. Op. cit., 308.

precisa ser assumida por uma pessoa e/ou um povo (resposta). A fé é um "dom" (Ef 2,8), mas um dom que, uma vez acolhido, recria-nos, inserindo-nos ativamente em seu próprio dinamismo: "Criados por meio de Cristo Jesus para realizarmos as boas ações que Deus nos confiara com tarefa" (Ef 2,10). É, portanto, *dom-tarefa*: algo que *recebemos* para *realizar*.

E ela diz respeito à *vida humana em sua totalidade*. Deve configurar todas as dimensões da vida segundo a vontade e os desígnios de Deus: Tanto a dimensão pessoal, quanto a dimensão socioestrutural. Exige tanto a "conversão do coração", quanto a "transformação da sociedade"; pessoas novas e sociedade nova. A fé não pode jamais ser reduzida ao âmbito da individualidade, como se ela não tivesse nada a ver com o modo como nos vinculamos uns aos outros e interagimos. Ela tem uma *dimensão social* constitutiva.[10] E num duplo sentido: diz respeito ao modo como nos relacionamos uns com os outros, isto é, às *relações interpessoais* (família, vizinhos, amigos, colegas, namorados, pessoas desconhecidas etc.); e diz respeito ao modo como organizamos e estruturamos nossa vida coletiva, isto é, às *estruturas da sociedade* (sistemas econômicos, políticos, jurídicos, culturais etc.).

Relação fé e justiça

Enquanto confiança, adesão e fidelidade ao Deus que se revela em Israel e, na "plenitude dos tempos", em Jesus Cristo, a fé cristã está constitutivamente referida, determinada e configurada pelo jeito de ser/agir desse Deus na história de Israel e na práxis de Jesus de Nazaré. Não se pode compreender a fé cristã senão a partir e em função do Deus de Israel e de Jesus de Nazaré.

Esse *Deus* se revela agindo como *Go'el* que resgata seus parentes da escravidão, como *Rei* que faz justiça ao pobre, ao órfão, à viúva

---

[10] Cf. AQUINO JÚNIOR, Francisco de. "A dimensão social da fé". In: *A dimensão socioestrutural do reinado de Deus*: escritos de teologia social. São Paulo: Paulinas, 2011, 15-28.

e ao estrangeiro, como *Pastor* que apascenta suas ovelhas e as protege dos lobos, como *Pai* que cuida de seus filhos e os socorre em suas necessidades, para usar algumas das imagens/metáforas que a Escritura usa para falar de Deus. Todas elas revelam a centralidade dos pobres e oprimidos na ação de Deus. E a relação com ele, a *fé*, passa necessariamente pelo cuidado e pela prática da justiça com os pobres: O Deus que escuta o clamor do povo e o liberta da escravidão "deseja que Israel se constitua em uma sociedade alternativa ao Egito, em um povo onde reina a justiça e a solidariedade";[11] "O Deus da bíblia aparece necessariamente mediado por uma exigência de amor incondicional que se expressa em categorias como o reino, o ágape ou a justiça";[12] "A justiça é um atributo central de Deus, é um elemento constitutivo da salvação; a justiça inter-humana é a exigência central que Javé inculca e que deve caracterizar essencialmente o seu povo".[13]

Não basta reconhecer que a fé tem uma *dimensão social constitutiva*. É preciso levar a sério a exigência bíblica de estruturação da dimensão social da vida segundo *o direito e a justiça,* cujo critério e cuja medida são sempre o pobre, o órfão, a viúva e o estrangeiro – símbolo dos marginalizados de todos os tempos. De modo que "o compromisso com justiça não é um elemento adicional, importado quiçá por modas recentes, mas surge da entranha mesma da fé em Deus"; "a pergunta pela justiça nos leva diretamente ao mistério de Deus e ao seu projeto para a humanidade".[14] "Pode-se dizer com absoluta verdade que sem opção pela justiça não há conversão a Deus (Jon Sobrino) ou, pelo menos, que tal opção age como teste negativo de toda conversão".[15] Assim como Deus se revela e é conhecido na prática da justiça, o povo se constitui e é reconhecido como povo de

---

[11] CODINA, Victor. Op. cit., 133.
[12] GONZÁLEZ FAUS, Jose Ignacio. Op. cit., 289.
[13] AGUIRRE, Rafael; VITORIA CORMENZANA, Francisco Javier. Op. cit., 541.
[14] AGUIRRE, Rafael; VITORIA CORMENZANA, Francisco Javier. Op. cit., 541.
[15] GONZÁLEZ FAUS, Jose Ignacio. Op. cit., 390.

Deus na prática da justiça; assim como a justiça caracteriza e descreve o Deus de Israel e de Jesus, deve caracterizar e definir também o povo de Deus. Em síntese, a fé no Deus de Israel e de Jesus tem uma dimensão social constitutiva e essa dimensão social da fé deve ser vivida e dinamizada segundo a lógica da justiça.

Justiça na perspectiva bíblica

É preciso compreender bem o que significa justiça na Bíblia. Estamos acostumados com uma ideia de justiça que perpassa toda a tradição ocidental, mas que é bem diferente da concepção bíblica.[16] Segundo essa concepção, a justiça é cega, surda e imparcial. Ela está cristalizada na imagem/símbolo da *deusa Têmis*: uma imponente figura feminina com os olhos vendados (imparcialidade), carregando em uma das mãos uma balança (equilíbrio) e na outra uma espada (poder/força).

Na Bíblia, por sua vez, o justo por excelência é *Javé*. E, ao contrário da deusa Têmis, nem é cego/surdo nem imparcial. Pelo contrário. É um Deus que "vê" a opressão do seu povo, "escuta" seus clamores contra os opressores e "desce" para libertá-los da opressão dos egípcios e conduzi-los a uma terra que "mana leite e mel" (cf. Ex 3,7-9). Toma o partido das vítimas. É parcial. Por isso mesmo, é conhecido como o Deus dos pobres e dos oprimidos. Na boca de Judite: "Deus dos humildes, socorro dos pequenos, protetor dos fracos, defensor dos desanimados, salvador dos desesperados" (Jd 9,11). Na boca de Maria: o Deus que "derruba do trono os poderosos e exalta os humildes; cumula de bens os famintos e despede vazios os ricos" (Lc 1,52s).

Na perspectiva bíblica, a justiça não diz respeito à aplicação cega e imparcial de regras e leis estabelecidas. Ela tem a ver fundamentalmente com o direito dos pobres e oprimidos. "Para os semitas, a

---

[16] Cf. COMBLIN, José. *A profecia na Igreja*. São Paulo: Paulus, 2008, 33.

justiça é não tanto uma atitude passiva de imparcialidade, quanto um empenho do juiz em favor do que tem direito"[17] que, segundo os profetas, quase sempre são "um pobre e uma vítima da violência".[18] De modo que a justiça está intrinsecamente vinculada à problemática do direito e, mais concretamente, à problemática do direito do pobre, do órfão, da viúva e do estrangeiro. Fazer justiça é respeitar e fazer valer o direito dos pobres, oprimidos e fracos.[19] Nas palavras do profeta Jeremias: "Assim diz o Senhor: praticai o direito e a justiça. Livrai o explorado da mão do opressor; não oprimais o estrangeiro, o órfão ou a viúva; não os violenteis nem derrameis sangue inocente neste lugar" (Jr 22,3).

E isso, além de uma exigência ou prática moral, é uma questão estritamente religiosa: justo (piedoso, servo) é o que se adéqua ou se ajusta ao Justo que é Deus, isto é, o que faz a vontade de Deus. E a vontade de Deus, isto é, a prática da justiça, como recorda o Evangelho de Mateus (tido muitas vezes por espiritualista...), tem a ver fundamentalmente com as necessidades e os direitos dos pobres, oprimidos e fracos (cf. Mt 25,31-46). É Deus que nos justifica e nos torna justos, mas mediante a "fé ativada pelo amor" (Rm 13,8): "O amor é o cumprimento pleno da lei" (Rm 13,10). De modo que o sentido religioso da justiça tão enfatizado depois do exílio (ajustar-se a Deus, fazer sua vontade), não só não prescinde nem relativiza o sentido social da justiça enfatizado pelos profetas (observar e defender o direito do pobre, do órfão, da viúva e do estrangeiro), mas o implica/supõe e encontra nele sua medida permanente. Para Jesus, agir com misericórdia, praticar a justiça é condição para herdar a vida eterna (cf. Lc 10,25-37), para tomar parte no banquete escatológico (cf. Mt 15,31-46).

---

[17] GUILLET, Jacques. "Justiça". In: LÉON-DUFOUR, Xavier. *Vocabulário de Teologia Bíblica*. Petrópolis: Vozes, 2009, 499-510, aqui 501.
[18] GUILLET, Jacques. Op. cit., 500.
[19] Cf. COMBLIN, José. Op. cit., 33.

Fé e justiça

2. O Reino de Deus e a prática da justiça

A Bíblia não fala de Deus em termos abstratos e "universais" (onipotente, onipresente, onisciente, absoluto, imutável etc.), mas em termos históricos e concretos (redentor, libertador, pastor, rei, pai etc.). De muitos modos e com muitas imagens ela descreve a atuação de Deus e sua relação com o povo. Uma dessas imagens, e que se torna central na vida de Jesus, particularmente nos evangelhos sinóticos, é reino ou reinado de Deus – uma imagem proveniente do mundo político. Deus aparece como *rei*, cujo *reinado* consiste em fazer justiça aos pobres e oprimidos (cf. Ex 15,18; Sl 72; Mt 6,33).

De fato, "o tema central da proclamação pública de Jesus foi o reinado de Deus"[20] e "sua marca principal é que Deus está realizando o ideal da justiça real, sempre ansiado, mas nunca cumprido na terra".[21]

Essa Boa Notícia do reinado de Deus só pode ser compreendia em referência ao "ideal régio" do Antigo Oriente Próximo, no qual "o rei, por sua própria missão, é o defensor daqueles que são incapazes de se defender por si mesmos"; "é o protetor do pobre, da viúva, do órfão e do oprimido".[22] Na perspectiva de Israel, "a justiça real não consistia primordialmente numa aplicação imparcial do direito, mas na proteção que o rei estende aos desamparados, fracos e pobres, às viúvas e aos pobres".[23] Por isso, não devíamos nos surpreender e/ou escandalizar com a afirmação de que "o anúncio do advento do Reino de Deus constitui uma Boa Nova precisamente para os pobres e para os desgraçados. Eles devem ser os beneficiados do Reino".[24] Nem sequer com a afirmação mais radical de que o reinado de Deus "pertence

---

[20] JEREMIAS, Joachim. *Teologia do Novo Testamento*. São Paulo: Hagnos, 2008, 160.
[21] JEREMIAS, Joachim. Op. cit., 162.
[22] DUPONT, Jacques. "Os pobres e a pobreza segundo os ensinamentos do Evangelho e dos Atos dos Apóstolos". In: DUPONT, J.; GEORGE, A. et al. *A pobreza evangélica*. São Paulo: Paulinas, 1976, 37-66, aqui 37.
[23] JEREMIAS, Joachim. Op. cit., 162.
[24] DUPONT, Jacques. Op. cit., 54.

unicamente aos pobres".[25] Não por acaso, ao falar da proximidade do reinado de Deus, os evangelhos se referem precisamente à ação de Jesus em favor dos pobres, doentes, impuros, pecadores etc.

Se não é possível falar de Jesus sem falar do reinado de Deus. Tampouco é possível falar do reinado de Deus sem falar da justiça aos pobres e oprimidos. Jesus, o Reino e a justiça aos pobres são inseparáveis. O "traço decisivo" do reinado de Deus consiste precisamente na "oferta de salvação feita por Jesus aos pobres".[26] De modo que o reinado de Deus, centro da vida e missão de Jesus, tem a ver fundamentalmente com a justiça, isto é, com a garantia do direito do pobre, do órfão, da viúva e do estrangeiro; é reino de justiça e, por isso mesmo, é Boa Notícia para os pobres, oprimidos e fracos.

3. Justiça: sinal e instrumento do Reino nas estruturas da sociedade

Poder-se-ia pensar que a justiça é uma característica e uma exigência da fé judaica e não da fé cristã; que é central no Antigo Testamento, mas não no Novo Testamento; que enquanto os profetas de Israel exigiam a prática do direito e da justiça (enfoque sócio-político), Jesus exige a prática da caridade (enfoque individual e assistencial); consequentemente, que a luta pela justiça não é tarefa própria dos cristãos enquanto tais nem muito menos da Igreja – a caridade, sim; a justiça, não.

Mas é preciso recordar que Jesus é judeu; que o Deus de Jesus é o Deus de Israel; que o Antigo Testamento faz parte das escrituras cristãs; que a ação de Deus e a relação com ele são ditas/narradas na Bíblia de muitas formas, com muitas imagens e muitos conceitos (justiça, direito, paz, misericórdia, amor etc.); que essas formas, imagens e conceitos não se contrapõem, pelo menos na perspectiva

---

[25] JEREMIAS, Joachim. Op. cit., 187.
[26] JEREMIAS, Joachim. Op. cit., 176.

bíblica; e que, embora a justiça não seja a única forma de se referir à ação de Deus e à fé cristã, é uma forma privilegiada: seja porque constitui o coração do evangelho do reinado de Deus (conceito central na Bíblia), seja por ser menos passível de interpretações e/ou manipulações subjetivistas (conceito adequado ao nosso tempo).

A consciência da dimensão estrutural da vida humana proporcionada pelo desenvolvimento das ciências sociais e a tentação (bem ou mal intencionada) de tomar as expressões "amor" e "misericórdia" em um sentido meramente interpessoal e/ou assistencial (obras de misericórdia, solidariedade etc.), tornam a expressão "justiça" ainda mais importante e necessária em nosso tempo para designar a exigência e o critério fundamentais da ação cristã (direitos, sociedade nova, mundo novo etc.).

Neste contexto, vários autores têm se esforçado por encontrar uma forma adequada de expressar e articular em nosso mundo o sentido bíblico de justiça em sua relação com o amor. Por um lado, tratam a justiça como expressão do amor ou como a dimensão estrutural do amor: "não se pode esquecer a dimensão estrutural do amor cristão";[27] "amar em um mundo injusto não é possível senão construindo a justiça";[28] "a justiça é aquela forma que o amor adota em um mundo de opressão e pecado".[29] Por outro lado, falam do especificamente cristão da justiça, referindo-se à lógica amorosa da gratuidade e do perdão: Não se pode confundir "a fome de justiça com a sede de vingança", "a prática cristã da justiça deve aproximar-se mais do perdão que da vingança";[30] a "experiência da fé familiariza a justiça com o perdão".[31] Noutras palavras, a justiça é tomada aqui como a prática socioestrutural do amor cristão ou como sinal e instrumento do Reino nas estruturas da sociedade. Enquanto tal, ela

---

[27] AGUIRRE, Rafael; VITORIA CORMENZANA, Francisco Javier. Op. cit., 561.
[28] GONZÁLEZ FAUS, Jose Ignacio. Op. cit., 392.
[29] ELLACURÍA, Ignacio. Op. cit., 316.
[30] GONZÁLEZ FAUS, Jose Ignacio. Op. cit., 394.
[31] AGUIRRE, Rafael; VITORIA CORMENZANA, Francisco Javier. Op. cit., 576.

tem que ser realizada e dinamizada segundo a lógica do amor e não segundo a lógica do ódio e da vingança.

Em todo caso, não há nem pode haver contradição entre amor e justiça na fé: ambas aparecem na Escritura como características e expressões fundamentais de Deus e de seu povo; ambas dizem respeito fundamentalmente à humanidade sofredora e à exigência de socorrê-la em suas necessidades; e ambas se referem ao homem em sua totalidade, em todas as suas dimensões, incluindo o que chamamos dimensão socioestrutural.

4. A Igreja e a luta pela justiça

Igreja latino-americana e sua repercussão social e eclesial

Como bem reconhece o Documento de Aparecida, "a opção preferencial pelos pobres é uma das peculiaridades que marca a fisionomia da Igreja latino-americana e caribenha" (DAp, 391). Certamente, a preocupação com os pobres não é algo novo na vida da Igreja, nem é uma invenção da Igreja da América Latina. Mas ela foi retomada de modo muito fecundo e criativo pelo Concílio Vaticano II, com João XXIII e com o grupo "Igreja dos pobres", e, particularmente, pela Igreja latino-americana, com as conferências de Medellín e Puebla e com a teologia da libertação, nos termos de "Igreja dos pobres" e/ou "opção pelos pobres".[32]

Mas provavelmente o que mais caracteriza e distingue a Igreja da América Latina seja o modo como tem compreendido e vivido o compromisso com os pobres: não apenas na assistência imediata e na solidariedade cotidiana, como sempre se deu ao longo da história da Igreja, mas também e de modo muito particular na luta

---

[32] AQUINO JÚNIOR, Francisco. "Igreja dos pobres: do Vaticano II a Medellín e aos dias atuais". In: *Viver segundo o espírito de Jesus Cristo*: espiritualidade como seguimento. São Paulo: Paulinas, 2014, 119-150.

pela justiça. Já na Conferência de Medellín, os bispos se deram conta do caráter institucional/estrutural da injustiça e da violência, bem como da necessidade de mudanças nas estruturas da sociedade. Por isso mesmo não falaram apenas de "caridade", mas também de "justiça". Aliás, o primeiro Documento de Medellín trata precisamente da "justiça". E a problemática reaparece com muita força no Documento de Puebla (cf. Puebla, 63-70, 87-109, 1134-1165, 1254-1293) e nas demais conferências.

Tudo isso tem repercutido muito no conjunto da sociedade latino-americana e no conjunto da Igreja. Negativamente, pode-se constatar essa repercussão através dos conflitos e perseguições vividos na sociedade e mesmo no interior da Igreja. O martirológio latino-americano é a prova maior... Positivamente, temos a inserção e participação de amplos setores da Igreja nas lutas populares em todo continente e o reconhecimento cada vez mais explícito pelo conjunto da Igreja de que a luta pela justiça é constitutiva da missão da Igreja. A título de exemplo, basta lembrar o Sínodo dos Bispos sobre *A justiça no mundo* (1971) e a Exortação Apostólica *Evangelii Nuntiandi* (1975). É nessa tradição que se compreende a insistência do papa Francisco na necessidade de articular bem a prática cotidiana da solidariedade com a transformação das estruturas da sociedade (cf. EG 188s) e a afirmação clara e precisa de que, "embora 'a justa ordem da sociedade e do Estado seja dever central da política', a Igreja 'não pode nem deve ficar à margem na luta pela justiça'" (EG183).

Desafios e perspectivas atuais

Se "a promoção da justiça é parte integrante da evangelização" (Puebla, 1254) e, enquanto tal, algo constitutivo e não opcional na vida da Igreja, o modo concreto como se dá essa promoção da justiça depende sempre das formas reais de injustiça e das possibilidades reais de enfrentamento da injustiça e de efetivação da justiça. Daí por que a problemática da justiça não possa ser reduzida a meros princípios abstratos e universais, sem muita ou nenhuma incidência real

Nas periferias do mundo

e efetiva. Tanto as injustiças quanto a promoção da justiça são reais, concretas, com rostos, nomes, endereços, lutas etc. Nesse sentido, é preciso se confrontar com as situações reais de injustiça e assumir as lutas concretas pela efetivação da justiça, não obstante os riscos (até de morte) e as ambiguidades (presentes não só na luta pela justiça, mas na vida humana em geral e, concretamente, na vida eclesial: relações de poder, expressões litúrgicas, dinheiro etc.).

Antes de tudo, é preciso se confrontar com as situações reais de injustiça. Tanto as vítimas da injustiça quanto os que a promovem e/ou se beneficiam com ela têm nome e endereço. Puebla já falava das "feições concretíssimas" da pobreza e elencava uma lista de rostos nos quais "deveríamos reconhecer as feições sofredoras de Cristo" (cf. Puebla, 31-39). Aparecida, no mesmo sentido, amplia essa lista, acrescentando alguns dos "novos rostos" da pobreza (cf. DAp, 402). E nós temos que continuar identificando em cada lugar ou contexto as pessoas e os grupos que têm seus direitos negados, mas também as pessoas e os grupos que produzem essa situação ou se beneficiam com ela, bem como as causas e os mecanismos econômicos, sociais, políticos, jurídicos, culturais, religiosos etc. que produzem e sustentam essas situações.

Mas é preciso também assumir as lutas concretas em favor da justiça, isto é, da garantia dos direitos dos pobres, oprimidos, pequenos e fracos. Não basta ter compaixão dos pobres e marginalizados, nem sequer ser solidário com eles – por mais importante e necessário que isso seja. É preciso enfrentar os mecanismos que produzem essa situação e, de alguma forma, os que a promovem ou se beneficiam com ela. Como afirma o papa Francisco, além dos "gestos mais simples e diários de solidariedade", é necessário cooperar para "resolver as causas estruturais da pobreza e promover o desenvolvimento integral dos pobres" (EG 188). "A desigualdade é a raiz dos males sociais" (EG 202). E sua superação passa tanto pela conversão do coração quanto pela transformação das estruturas sociais, o que só é possível através de organizações sociais e da constituição de força social capaz de enfrentar e alterar a estruturação da vida coletiva.

Por fim, convém advertir que a luta contra as injustiças e pela garantia dos direitos dos pobres, oprimidos e fracos não é tarefa só da Igreja nem algo que ela possa realizar sozinha e por si mesma. Por um lado, a Igreja não dispõe dos meios econômicos, políticos, jurídicos, culturais etc. necessários para tal empreendimento. Por outro lado, há uma quantidade enorme de organizações, instituições e forças envolvidas nas mais diferentes lutas pela justiça. A Igreja deve se inserir nesse processo mais amplo e contribuir, a partir de sua missão (realização do reinado de Deus) e dos meios de que dispõe (comunidades, pastorais e movimentos, palavra e gesto, princípios e valores, conscientização, denúncia, mobilização popular, pressão social, articulação com outras forças sociais etc.), para que a justiça se torne realidade e os pobres, oprimidos e fracos possam viver com dignidade. A realização da justiça, isto é, a garantia dos direitos dos pobres oprimidos e fracos é, simultaneamente, sinal e medida da realização do reinado de Deus em nosso mundo e, enquanto tal, sinal e medida da fé cristã (adesão fiel e criativa ao reinado de Deus e sua justiça) e da missão da Igreja (serviço humilde e fiel ao reinado de Deus e sua justiça).

Seção II

CAPÍTULO IV

Igreja e política à luz do Concílio Vaticano II[1]

Há muita coisa escrita sobre a problemática da *relação Igreja-política*. E tanto do ponto de vista das ciências sociais quanto do ponto de vista da teologia. No primeiro caso, trata-se de analisar *como vem se dando efetivamente* essa relação ao longo da história. No segundo caso, trata-se de explicitar, a partir da identidade e da missão da Igreja, *como deve se dar* tal relação.

Essa problemática ganhou novo impulso e atualidade com o *Concílio Vaticano II*. A compreensão que a Igreja tem de si nesse concílio possibilita e conduz a uma nova compreensão e efetivação de sua relação com o mundo e, concretamente, com a política. De fato, o Concílio representa uma ruptura com o modo como a Igreja vinha concebendo e efetivando sua relação com a política nos últimos séculos. Mas uma ruptura alicerçada na mais autêntica Tradição da

---

[1] Publicado na Revista *Pistis & Praxis*, v. 5, n. 2 (2013) 463-492.

Igreja. Uma ruptura que se dá em fidelidade à própria Tradição, portanto, uma *ruptura* (com a tradição recente) *em continuidade* (com a mais antiga e autêntica Tradição).

A celebração dos 50 anos do Concílio é uma ocasião privilegiada para retomar e repensar, dentro do seu espírito/tradição e para além de seus textos, a problemática da relação Igreja-política, de modo que a Igreja possa ser cada vez mais fiel à sua missão de sinal e mediação eficazes do reinado de Deus neste mundo, particularmente no que diz respeito à organização e regulamentação políticas da sociedade. Não se trata simplesmente de repetir o que disse o Concílio em seus documentos, por mais importantes e atuais que sejam. Trata-se, antes, de, partindo dos textos (letra), lidos e interpretados dentro do dinamismo conciliar (espírito), repensar e reformular em termos mais precisos e eficazes a relação Igreja-política.

É o que queremos propor e esboçar aqui: dentro do espírito/tradição conciliar (I), de sua recepção e de seu dinamismo latino-americanos (II), formular de modo consequente e eficaz a relação Igreja-mundo (III), concentrando-nos na problemática de sua relação com a política (IV).

1. Espírito/tradição conciliar

O Concílio Vaticano II[2] não pode ser reduzido aos seus documentos nem sequer ao evento conciliar, por mais importantes e decisivos que sejam. Para além do evento e dos documentos, ele se constituiu como um imaginário e um dinamismo ou espírito eclesiais

---

[2] Cf. ALBERIGO, Giuseppe. "O Concílio Vaticano II (1962-1965)". In: idem (org.). *História dos Concílios Ecumênicos*. São Paulo: Paulus, 1995, 931-442; idem. *Breve história do Concílio Vaticano II*. Aparecida: Santuário, 2006; CAMACHO, Ildefonso. *Doutrina Social da Igreja*: abordagem histórica. São Paulo: Loyola, 1995, 243-265; LORSCHEIDER, Aloísio et al. *Vaticano II: 40 anos depois*. São Paulo: Paulus, 2005; LOPES GONÇALVES, Paulo Sérgio; BOMBONATTO, Vera Ivanise (org.). *Concílio Vaticano II*: análise e prospectivas. São Paulo: Paulinas, 2004; LIBANIO, João Batista. *Concílio Vaticano II*: em busca de uma primeira compreensão. São Paulo: Loyola, 2005; VALENTINI, Demétrio. *Revisitar o Concílio Vaticano II*. São Paulo: Paulinas, 2011.

que o extrapolam e conduzem inevitavelmente ao seu aprofundamento e à sua própria superação. "Uma das maiores construções do Concílio Vaticano II", como afirma Libanio, foi precisamente a criação de um "imaginário eclesial" – e de um dinamismo ou espírito eclesial – que "adquire força própria e autonomia até mesmo em confronto com alguns textos conciliares".[3] Daí por que tanto os textos quanto o próprio evento conciliar devam ser situados e compreendidos dentro desse imaginário e dinamismo eclesiais que os tornaram possíveis e efetivos, mas que também os extrapolam e conduzem à sua superação.

Concílio e documentos conciliares

O Concílio não pode ser reduzido aos documentos produzidos e promulgados. A história da redação dos textos revela muito bem o conflito entre diferentes grupos e correntes teológico-eclesiais, a disputa pela hegemonia, a correlação de forças e os compromissos e consensos teológico-eclesiais possíveis. E tudo isso se reflete no processo pós-conciliar de interpretação dos textos, embora dentro de uma nova conjuntura e com uma nova hegemonia teológico-eclesiais. "Sendo o Concílio fruto de compromisso entre tendências divergentes – fundamentadas no Concílio de Trento e no Vaticano I e, por outro lado, na nova teologia emergente –, não foi difícil a setores tradicionais resgatarem dos documentos do Vaticano II elementos teológicos tradicionais, sobretudo no campo da eclesiologia".[4]

Importa, em todo caso, perceber a complexidade teológico-eclesial que está por traz dos textos e nos próprios textos. Isso nos obriga a tomar os textos como um elemento dentro de um processo mais

---

[3] LIBANIO, João Batista. "Concílio Vaticano II: os anos que se seguiram". In: LORSCHEIDER, Aloísio et al. Op. cit., 71-88, aqui 78. "Assim como Trento tinha criado um espírito, uma mentalidade, um imaginário, assim o Concílio Vaticano II o fez. E os imaginários firmam-se melhor quando se contrapõem a outros imaginários diferentes [...]. Para entender a riqueza do imaginário do Vaticano II, necessitamos perceber a oposição a Trento e a tomada de posição em relação às Igrejas da reforma, às tradições religiosas e à modernidade" (ibidem).

[4] Ibidem, 75.

amplo e complexo e nos ajuda a compreender melhor as ambiguidades do texto e a necessidade de reescrevê-los de modo mais coerente e consequente. Se isso vale para os textos que tratam mais direta e explicitamente das verdades fundamentais da fé – por exemplo, justaposição de visões eclesiológicas pouco articuladas ou mesmo articuláveis[5] –, vale muito mais para os textos que tratam da relação da Igreja com o mundo atual. Não por acaso o principal documento do Concílio dedicado a essa problemática chama-se precisamente Constituição *Pastoral* (e não Dogmática!)[6] *Gaudium et Spes*. E o próprio documento termina reconhecendo e advertindo que, embora sua exposição "enuncie a doutrina já tradicional da Igreja, como não raro trata das realidades sujeitas a permanente evolução, deverá ser ainda prosseguida e ampliada" (GS 91).[7] De modo que, por mais importante e atual que seja o texto, ele não esgota nem encerra em si o espírito ou dinamismo conciliar.

Concílio e evento conciliar

O Concílio tampouco pode ser identificado sem mais com o evento conciliar. Por mais importante e determinante que ele seja, é um

---

[5] Em seu comentário ao 2º Capítulo da Constituição Dogmática *Dei Verbum*, tratando da problemática da Tradição na Igreja, por exemplo, afirma Ratzinger: "Nem tudo que existe dentro da Igreja tem que ser, por isso, já uma tradição legítima. Em outras palavras, nem toda tradição que se forma dentro da Igreja é realmente a realização e atualização do mistério de Cristo, mas ao lado da tradição legítima existe também a tradição desconfiguradora. [...] Mesmo Trento não conseguiu decidir-se em afirmar a crítica à tradição positivamente [...]. Infelizmente, neste ponto, o Vaticano II não trouxe nenhum progresso, mas passou quase totalmente por cima do aspecto da crítica à tradição" (RATZINGER, Joseph. "Kommentar zum II. Kapitel des dogmatischen Konstitution über die göttliche Offenbarung". In: *Lexikon für Theologie und Kirche*. Ergänzungsband 2. Friburgo: Herder, 1967, 517-528, aqui 519s).

[6] E essa denominação não é sem razão: "Emprega-se a palavra 'constituição' para destacar sua importância, colocando-a no mesmo nível da *Lumen Gentium*; mas é 'pastoral' porque não trata da doutrina, mas sim de suas aplicações às condições de nosso tempo e às suas consequências pastorais" (CAMACHO, Ildefonso. Op. cit., 273). Não por acaso o Documento evita, com uma única exceção (GS 76e), o uso da expressão "doutrina social" (cf. ibidem, 298, nota 77).

[7] Referindo-se explicitamente à Constituição Pastoral *Gaudium et Spes*, Dom Aloísio Lorscheider reconhece que, não obstante sua importância e seu peso, "ela é imperfeita" e afirma sonhar com sua "reformulação": "sua atualização valeria um esforço bem interessante" (LORSCHEIDER, Aloísio. *Mantenham as lâmpadas acesas*: revisitando o caminho, recriando a caminhada. Fortaleza: UFC, 2008, 44s e 87, respectivamente).

momento dentro de um processo mais amplo e complexo que, de alguma maneira, o antecede e o sucede. Os estudiosos do Concílio têm insistido muito no fato de que não se pode compreender adequada e corretamente o evento conciliar sem levar em conta os movimentos, processos e acontecimentos que o antecederam e o tornaram possível (movimentos bíblico, litúrgico e patrístico, ação católica, novas teologias etc.), bem como seu processo de recepção e os movimentos, processos e dinamismos por ele desencadeados (renovação teológica, eclesial e pastoral, Medellín, teologia da libertação etc.).[8]

Por essa razão, peritos e padres conciliares defenderam abertamente que o Concílio não se esgota nem se encerra nos textos, tampouco no evento conciliar. Karl Rahner, um dos teólogos mais importantes do Concílio, por exemplo, afirma que "o Concílio é um início, não um fim. É a introdução de uma tendência, não seu ponto de chegada".[9] E Dom Aloísio Lorscheider, um dos padres conciliares, afirma sem meias palavras que "o Concílio é apenas um ponto de partida. Portanto, temos que ultrapassar os textos. Não podemos ficar parados e, sim, ir mais longe".[10]

Até mesmo o papa Paulo VI apontou para a necessidade de avançar, no espírito conciliar, para além dos textos e do evento conciliar. Em seu discurso aos participantes da Assembleia Geral da Conferência Episcopal Italiana (23/06/1966), referindo-se ao Concílio, afirma: "Este é um acontecimento de importância secular. Não pode ser considerado um episódio concluído e acabado. O Concílio entrega à Igreja um 'tomo', um volume de doutrinas e de decretos que podem

---

[8] Cf. SOUSA, Ney de. "Contexto e desenvolvimento histórico do Concílio Vaticano II". In: LOPES GONÇALVES, Paulo Sérgio; BOMBONATTO, Vera Ivanise (org.). Op. cit., 17-67; LOPES GONÇALVES, Paulo Sérgio. "A teologia do Concílio Vaticano II e suas consequências na emergência da Teologia da Libertação". In: ibidem, 69-94; CATÃO, Francisco Augusto Carmil. "O perfil distintivo do Vaticano II: recepção e interpretação". In: ibidem, 95-115; VALENTINI, Demétrio. Op. cit., 51-54.

[9] RAHNER, Karl. Bilder eines Lebens, apud: SESBOÜÉ, Bernard. *Karl Rahner*: itinerário teológico. São Paulo: Loyola, 2004, 24.

[10] LORSCHEIDER, Aloísio. Op. cit., 65.

assinalar a sua nova primavera".[11] E em sua Carta ao Congresso de Teologia pós-conciliar (21/09/1966), é mais claro e direto ainda: "A tarefa do Concílio Ecumênico não está completamente terminada com a promulgação de seus documentos. Estes, como ensina a história dos Concílios, representam antes um ponto de partida que um alvo atingido. É preciso ainda que toda a vida da Igreja seja impregnada e renovada pelo vigor e pelo espírito do Concílio, é preciso que as sementes de vida lançadas pelo Concílio no campo que é a Igreja cheguem a plena maturidade".[12]

Nada disso nega, em absoluto, a importância decisiva e fundamental do evento e dos textos conciliares. Simplesmente, situa-os dentro do dinamismo ou espírito teológico-eclesial que o tornaram possíveis e por eles foi desencadeado e compromete-nos na tarefa de prosseguir e aprofundar nesse dinamismo ou espírito, para além dos textos e, quem sabe, inclusive, se necessário, em confronto com alguns deles. Afinal, como bem afirma dom Pedro Casaldáliga, "o Vaticano II foi um salto inicial. Também a Igreja ultrapassa a si mesma, e o Vaticano II não é uma última palavra",[13] por mais que seja uma palavra importante, atual e carregada de autoridade.

2. Recepção e dinamismo latino-americanos

Um dos melhores e mais fecundos frutos do Concílio Vaticano II foi, sem dúvida nenhuma, o processo de renovação teológico-eclesial

---

[11] PAULO VI. "Discorso al partecipanti all'Assemblea Generale della Conferenza Episcopale Italiana" (23/06/1966). Disponível em: <http://www.vatican.va/holy_father/paul_vi/speeches/1966/documents/hf_p-vi_spe_19660623_assemblea-cei_it.html>.

[12] Idem. *Epistula Cum Iam* (21/09/1966). Apud: KLOPPENBURG, Frei Boaventura. "Introdução geral aos Documentos do Concílio". In: *Compêndio do Vaticano II*: Constituições, Decretos, Declarações. Petrópolis: Vozes, 1995, 5-36, aqui 7. Texto original em latim disponível em: <http://www.vatican.va/holy_father/paul_vi/letters/1966/documents/hf_p-vi_let_19660921_cum-iam_lt.html>. Acesso em: 15/10/2011.

[13] CASALDÁLIGA, Pedro. *Na procura do Reino*: antologia de textos (1968-1988). São Paulo: FTD, 1988, 139.

da Igreja latino-americana. A Conferência de Medellín (1968) marca formalmente o início desse processo. Ela "surgira, por desejo de Paulo VI, com a finalidade de afinar a Igreja da América Latina com a teologia e a pastoral do Vaticano II e terminou dando um salto qualitativo para além da concepção centro-europeia desse Concílio".[14] Como bem afirma Carlos Palácio, se "o Concílio foi a guinada que marcou definitivamente os rumos da Igreja e da teologia no mundo contemporâneo – depois de vários séculos de hostilidade declarada, a Igreja se reconciliava com o 'mundo moderno'" –, a Conferência de Medellín "foi a transposição da perspectiva do concílio e de suas intuições ao contexto específico do continente latino-americano. Sem o Concílio, não teria existido Medellín, mas Medellín não teria sido Medellín sem o esforço corajoso de repensar o acontecimento conciliar a partir da realidade de pobreza e de injustiça que caracterizava a América Latina".[15]

Medellín não apenas recolheu e desenvolveu de modo mais coerente e consequente a riqueza e as potencialidades do Concílio na América Latina, mas, ao fazê-lo, pôs em marcha um movimento teológico-eclesial que acabou revelando limites do próprio Concílio: "um Concílio universal, mas na perspectiva dos países ricos e da chamada cultura ocidental" (Ellacuría)[16] e, por isso mesmo, um Concílio pouco profético (Comblin)[17] e um Concílio que acabou nos legando "uma Igreja de classe média" (Aloísio Lorscheider).[18]

---

[14] LIBANIO, João Batista. Op. cit., 82.
[15] PALÁCIO, Carlos. "Trinta anos de teologia na América Latina: um depoimento". In: SUSIN, Luiz Carlos (org.). *O mar se abriu*: trinta anos de teologia na América Latina. São Paulo: Loyola, 2000, 51-64, aqui 52s.
[16] ELLACURÍA, Ignácio. "Pobres". In: *Escritos Teológicos II*. San Salvador, UCA, 2000, 171-192, aqui 173.
[17] COMBLIN, José. *A profecia na Igreja*. São Paulo: Paulus, 2009, 185s.
[18] LORSCHEIDER, Aloísio. Op. cit., 142. Em outra ocasião, distinguindo a eclesiologia do Vaticano II da eclesiologia latino-americana, afirma: "O Vaticano II ignorou o *submundo*, o mundo da injustiça institucionalizada, o mundo em que ricos cada vez mais ricos produzem pobres cada vez mais pobres *às custas* desses mesmos pobres" (idem. "A Igreja no Ceará: desafios e perspectivas". *Kairós* 1-2 (2004) 64-70, aqui 69).

Se o Concílio teve o mérito incalculável de descentrar a Igreja, de abri-la e lançá-la ao mundo, "não historicizou devidamente o que era esse mundo, um mundo que devia ter definido como um mundo de pecado e injustiça, no qual as imensas maiorias da humanidade padecem de miséria e injustiça".[19] Não bastava abrir-se ao mundo. Era necessário determinar com maior clareza e precisão que mundo era esse (mundo estruturalmente injusto e opressor) e qual o lugar social da Igreja nesse mundo (mundo dos pobres e oprimidos). E aqui reside um dos maiores limites do Concílio.

Não é que isso tenha passado completamente desapercebido no Concílio. Já em sua mensagem ao mundo em 11 de setembro de 1962, afirmava João XXIII: "Pensando nos países desenvolvidos, a Igreja se apresenta e quer realmente ser a Igreja de todos, em particular, a Igreja dos pobres".[20] Durante o Concílio, esse indicativo/apelo do papa encontrou acolhida e ecoou através de em grupo de bispos que ficou conhecido como "Igreja dos pobres"[21] e que no final do Concílio, "numa concelebração discreta na Catacumba de Santa Domitila, em 16 de novembro de 1965, selou um compromisso com a pobreza e o serviço aos pobres, firmando o assim chamado 'Pacto das Catacumbas'".[22]

Através desse grupo, algumas vozes proféticas fizeram eco ao apelo de João XXIII nas aulas conciliares. Em uma intervenção que se tornou famosa e provocou uma referência, ainda que tímida, do mistério da Igreja aos pobres (LG 8), por exemplo, o cardeal Lercaro

---

[19] ELLACURÍA, Ignácio. "El auténtico lugar social de la Iglesia". In: *Escritos Teológicos II*. San Salvador: UCA, 2000, 439-451, aqui 449.

[20] JOÃO XXIII. "Mensagem radiofônica a todos os fiéis católicos, a um mês da abertura do Concílio". In: VATICANO II. *Mensagens, discursos e documentos*. São Paulo: Paulinas, 2007, 20-26, aqui 23.

[21] Cf. GAUTHIER, Paul. *O Concílio e a Igreja dos pobres*. Petrópolis: Vozes, 1967; idem. *O evangelho de justiça*. Petrópolis: Vozes, 1969; BEOZZO, José Oscar. "Presença e atuação dos bispos brasileiros no Vaticano II". In: LOPES GONÇALVES, Paulo Sérgio; BOMBONATTO, Vera Ivanise (org.). Op. cit., 117-162, aqui 147-150.

[22] BEOZZO, José Oscar. "Presença e atuação dos bispos brasileiros no Vaticano II". Op. cit., 149; cf. KLOPPENBURG, Boaventura. *Concílio Vaticano II*. vol. V. Quarta Sessão (set.-dez. 1965). Petrópolis: Vozes, 1966, 526-528.

(Bolonha) denunciava: "O mistério de Cristo nos pobres não aparece na doutrina da Igreja sobre si mesma, e no entanto essa verdade é essencial e primordial na revelação [...]. É nosso dever colocar no centro deste Concílio o mistério de Cristo nos pobres e a evangelização dos pobres".[23] E Charles-Marie Himmer, bispo de Tournai, afirmou na aula conciliar de 4 de outubro de 1963: *"primus locus in Ecclesia pauperibus reservandus est"* (o primeiro lugar na Igreja é reservado aos pobres).[24]

Mas, como afirma Beozzo, não obstante a importância e a repercussão que teve, "deve-se reconhecer que o grupo não alcançou o que esperava institucionalmente do Concílio", nem sequer com a Constituição Pastoral *Gaudium et Spes*. Conscientes de que "o sonho de João XXIII, de uma 'Igreja dos pobres', não conseguira empolgar o Concílio, bispos latino-americanos empenharam-se para que, na América Latina, esta se tornasse a principal questão eclesial, já na preparação da II Conferência Geral do Episcopado Latino-americano". E, de fato, a Conferência de Medellín "pavimentou o que ficou depois conhecido como a marca registrada da caminhada eclesial na América Latina: a opção preferencial pelos pobres".[25]

Mais que um tema entre outros, ainda que um tema central e fundamental, a "opção pelos pobres" se tornou na Igreja e na teologia latino-americanas a perspectiva ou o ponto de vista fundamental, a partir do qual todas as questões são tratadas e dinamizadas. E não se trata apenas de uma perspectiva ou de um ponto de vista sociológico, mas, antes e mais radicalmente, de uma perspectiva ou de um ponto de vista estritamente teológico, tal como aparece na Sagrada Escritura.

Esta perspectiva ou este ponto de vista alarga os horizontes abertos pelo Concílio e torna seu espírito ou dinamismo mais bíblico,

---

[23] LERCARO, apud GAUTHIER, Paul. *O Concílio e a Igreja dos pobres*. Op. cit., 178s.
[24] HIMMER, Charles-Marie, apud: ELLACURÍA, Ignácio. "El verdadero pueblo de Dios según monseñor Romero". In: *Escritos Teológicos II*. San Salvador: UCA, 2000, 357-396, aqui 361.
[25] BEOZZO, José Oscar. Op. cit., 150.

mais realista e mais relevante historicamente. Por essa razão, não se pode mais falar do Concílio sem considerar o que ele deu de si nesses 50 anos, particularmente na Igreja e na teologia latino-americanas. Certamente, pode-se e deve-se estudar o evento conciliar e o que o Concílio deu de si nesse evento. Mas a Igreja não pode ficar presa ao passado nem o Concílio pode ser reduzido ao seu evento, como se nada tivesse acontecido nesses 50 anos e como se o próprio evento conciliar não tivesse desencadeado um dinamismo teológico-eclesial.

Devemos recordar e celebrar o evento conciliar, sim, mas em fidelidade às suas intuições e aos seus propósitos mais fundamentais, para atualizar e tornar mais consequente e eficaz seu espírito ou dinamismo teológico-eclesial. Nesse sentido, como advertia Sobrino há mais de uma década, já no contexto da celebração do evento conciliar, não deixa de ser estranho e de surpreender que o entusiasmo de muitos teólogos com o Concílio e a exigência de "voltar" ao Concílio, de celebrá-lo e atualizá-lo, não venham acompanhados de um entusiasmo com Medellín e da exigência de "voltar" a Medellín, de celebrá-lo e de atualizá-lo... "A importância do Concílio é óbvia, sobretudo na atual situação e gestão eclesiásticas. Mas, voltando-se apenas ao Vaticano II não surgirá a Igreja dos pobres [...] no Vaticano II essa Igreja ficou ignorada. Vejo, pois, um perigo grave para a teologia em querer voltar ao Concílio, se a teologia não se desvie ao mesmo tempo para voltar a Medellín. Aqui nasceu a intuição, que Puebla explicitou depois, do que chamamos o princípio jesuânico: 'Deus ama o pobre pelo simples fato de sê-lo'. Se a teologia não torna esse princípio central no mundo de hoje, mundo de pobres, não terá identidade cristã nem relevância histórica. Poder-se-ia, portanto, formular a tarefa, sem cair em nominalismo, afirmando que é preciso voltar ao Vaticano II – Medellín, é preciso atualizá-los e abri-los às novidades de nosso tempo, sem perder o princípio jesuânico".[26]

---

[26] SOBRINO, Jon. "Teologia desde la realidad". In: SUSIN, Luiz Carlos (org.). *O mar se abriu*: trinta anos de teologia na América Latina. São Paulo: Loyola, 2000, 153-170, aqui 168s.

E é nesta perspectiva, precisamente, que abordaremos a seguir a problemática mais geral da relação Igreja-mundo e, dentro dela, a problemática da relação Igreja-política.

3. Relação Igreja-mundo

Começaremos mostrando a centralidade da problemática da relação Igreja-mundo no Concílio Vaticano II e como ela foi formulada na Constituição Pastoral *Gaudium et Spes*. Em seguida, indicaremos algumas ambiguidades na formulação que essa questão recebeu no Concílio, bem como a necessidade de se avançar na busca de uma formulação mais adequada e eficaz da relação Igreja-mundo.

Centralidade da problemática

A problemática da identidade da Igreja em sua relação com as outras igrejas cristãs e com o mundo moderno foi, sem dúvida, a problemática central do Vaticano II[27] – um Concílio fundamentalmente eclesiológico.

Essa perspectiva foi se impondo e se consolidou no final da primeira sessão conciliar a partir da famosa intervenção do cardeal belga Suenens, no dia 4 de dezembro de 1962:[28] "Antes de concluir esta primeira sessão, eu gostaria de propor aos padres conciliares, para sua atenta consideração, qual seria o objetivo primário deste concílio [...] convém que nos ponhamos de acordo sobre a elaboração de um plano de conjunto para o próprio concílio [...]. Este plano, eu proporia assim: que o concílio seja o concílio 'sobre a Igreja' e tenha duas partes: *de Ecclesia ad intra – de Ecclesia ad extra*".[29]

A proposta de Suenens foi muito bem acolhida pelos padres conciliares, particularmente pelo cardeal Montini, então arcebispo de

---

[27] Cf. LIBANIO, João Batista. Op. cit., 74; VALENTINI, Demétrio. Op. cit., 27-30.
[28] Cf. ALBERIGO, Giuseppe. "O Concílio Vaticano II (1962-1965)". Op. cit., 404s; idem. *Breve história do Concílio Vaticano II*. Op. cit., 60ss; CAMACHO, Ildefonso. Op. cit., 250ss.
[29] SUENENS, Leo Joseph. Apud: CAMACHO, Ildefonso. Op. cit., 251.

Milão: "O que é a Igreja? O que faz a Igreja? Estes são os dois eixos em torno dos quais devem mover-se todos os temas do concílio. O mistério da Igreja e a missão que lhe foi confiada e que ela tem de realizar: eis aí o tema ao redor do qual deve girar o concílio".[30] Esta perspectiva é reafirmada por ele, uma vez eleito sucessor de João XXIII, no discurso inaugural da segunda sessão (29/09/1963), onde resume os "objetivos" do Concílio em quatro pontos: "a noção ou, melhor, a consciência da Igreja, sua renovação, a restauração da unidade entre todos os cristãos e o diálogo da Igreja com os homens de nosso tempo".[31] E, de fato, essa é a problemática fundamental com a qual se enfrentam os padres conciliares.

Não por acaso, tem-se afirmado tantas vezes que a Constituição Dogmática *Lumen Gentium* (LG) sobre a Igreja é o documento central e mais importante do Concílio.[32] No entanto, é preciso ter sempre presente que esse documento deve ser tomado em sua relação estreita e constitutiva com os demais documentos, particularmente com o Decreto *Unitatis Redintegratio* sobre o ecumenismo (UR)[33] e a Constituição Pastoral *Gaudium et Spes* sobre a Igreja no mundo de hoje (GS).

Se é verdade que não se pode compreender a relação da Igreja com o mundo atual (GS) sem considerar a autocompreensão que a Igreja tem de si (LG), sobretudo no que diz respeito à sua constituição fundamental (povo de Deus) e à sua missão primordial (mistério e sacramento de salvação); também é verdade que não se pode

---

[30] MONTINI, Giovanni Battista. Apud: CAMACHO, Ildefonso. Op. cit., 251

[31] PAULO VI. "Discurso na abertura do segundo período do Concílio". In: VATICANO II. *Mensagens, dicursos e documentos*. Op. cit., 45-60, aqui 50.

[32] Cf. LOPES, Geraldo. *Lumen Gentium*: texto e comentário. São Paulo: Paulinas, 2011, 9; VALENTINI, Demétrio. Op. cit., 27, 57.

[33] Convém recordar que o Decreto *Unitatis Redintegratio* sobre o ecumenismo e a Constituição Dogmática *Lumen Gentium* sobre a Igreja foram publicados no mesmo dia (21/11/1964) e que, segundo Paulo VI, em discurso pronunciado naquela ocasião, a doutrina sobre a Igreja deve ser interpretada à luz do decreto sobre o ecumenismo (cf. PAULO VI. *Acta Apostolicae Sedis* 56 [1964] 1012-1-13. Apud: SULLIVAN, Francis A. "In che senso la chiesa del Cristo 'sussiste' nella chiesa cattolica romana?", in LATOURELLE, René (org.). *Vaticano II. Bilancio & prospettive*: venticinque anni dopo (1962-1987). Assisi: Cittadella, 1987, 811-824, aqui 814).

entender a autocompreensão que a Igreja tem de si no Concílio sem considerar sua relação com o mundo atual. Esta foi uma das maiores preocupações e um dos problemas e temas mais decisivos e fundamentais do Concílio.

Formulação na Constituição Pastoral Gaudium et Spes

Como esta questão da relação da Igreja com o mundo atual foi abordada e desenvolvida de modo particular (não exclusivo) e mais sistemático na Constituição Pastoral *Gaudium et Spes*,[34] tomaremos este documento como ponto de partida e referência para nossa reflexão sobre a problemática da relação Igreja – mundo.

A estrutura do documento é bem simples. Ele está dividido em duas grandes partes. Depois de um *proêmio*, onde explicita a solidariedade da Igreja com a família humana universal, e de uma *introdução*, que trata da "condição do homem no mundo de hoje", o texto aborda, na *primeira parte*, questões sobre "a Igreja e a vocação do homem" (dignidade da pessoa humana, comunidade humana, atividade humana no mundo, papel da Igreja no mundo contemporâneo) e, na *segunda parte*, "alguns problemas mais urgentes" (matrimônio e família, progresso cultural, vida econômico-social, promoção da paz e da comunidade internacional). Na *conclusão*, por fim, destaca o "caráter genérico" de sua exposição e a tarefa de prossegui-la e ampliá-la, mediante um "diálogo sincero" dentro da Igreja, com as outras Igrejas cristãs, com as outras religiões, com os não crentes e, inclusive, com "aqueles que se opõem à Igreja e a perseguem de várias maneiras". Tudo isso em vista da "tarefa imensa a ser desempenhada nesta terra e da qual [os cristãos] devem prestar contas Àquele que julgará todos os homens no último dia": o amor que se traduz em serviço aos outros.

---

[34] Sobre a Constituição Pastoral *Gaudium et Spes*, cf. LOPES, Geraldo. *Gaudium et Spes*: texto e comentário. São Paulo: Paulinas, 2011; CAMACHO, Ildefonso. Op. cit., 267-311.

No que diz respeito à problemática da relação Igreja-mundo, ela está explicitada e desenvolvida, sobretudo, no proêmio e no último capítulo da primeira parte. Vejamos o modo como ela é compreendida em cada um deles, os termos em que ela é formulada e os possíveis limites dessa compreensão e, sobretudo, dessa formulação.

Proêmio

Como dissemos há pouco, o *proêmio* chama a atenção para a *solidariedade da Igreja com a família humana* e, com isso, apresenta/estabelece, já no início do texto, "o sentido com que se deve ler o documento"[35] em sua totalidade.

Ele começa com aquela afirmação famosa que indica, talvez, uma das preocupações mais fundamentais do Concílio, e que dá nome ao documento que trata de modo mais explícito e sistemático dessa questão e que ora estamos comentando: "As alegrias e as esperanças, as tristezas e as angústias dos homens de hoje, sobretudo dos pobres e de todos os que sofrem, são também as alegrias e as esperanças, as tristezas e as angústias dos discípulos de Cristo. Não se encontra nada verdadeiramente humano que não lhes ressoe o coração" (GS 1).

A comunidade cristã, enquanto é constituída por homens e enquanto tem a missão de propor a mensagem da salvação a todos, "sente-se verdadeiramente solidária com o gênero humano e com sua história" (GS 1).[36] E, por isso, "deseja expor a todos – não somente aos filhos da Igreja – como concebe a presença e a atividade da Igreja no mundo" (GS 2).

O que "move a Igreja", diz o texto, é "continuar a obra do próprio Cristo que veio ao mundo para dar testemunho da verdade, para salvar e não para condenar, para servir e não para ser servido". Em vista dessa missão, ela deseja estabelecer um "diálogo" com toda a família

---

[35] LOPES, Geraldo. Op. cit., 38.

[36] Tal afirmação, como indica o próprio texto (cf. GS 2), pressupõe e se fundamenta nas investigações feitas pelo Concílio sobre o "mistério da Igreja".

humana sobre os "vários problemas" que a afligem, "iluminando-os com a luz tirada do Evangelho e fornecendo ao gênero humano os recursos de salvação que a própria Igreja, conduzida pelo Espírito Santo, recebe de seu fundador" (GS 3).

Último capítulo da primeira parte

O *último capítulo da primeira parte*, por sua vez, trata da *função da Igreja no mundo de hoje*, ou seja, das "relações entre a Igreja e o mundo" e do "diálogo" entre ambos: "Pressupondo tudo o que já foi publicado por este Concílio sobre o mistério da Igreja, a mesma Igreja vai ser considerada agora enquanto ela existe neste mundo e com ele vive e age" (GS 40/1).

A Igreja é considerada, aqui, simultaneamente, como "assembleia visível e comunidade espiritual" (GS 40/2). Este duplo aspecto da realidade eclesial é formulado nos termos agostinianos de "compenetração da cidade terrestre e celeste" (GS 40/3). Ela "tem um fim salutar e escatológico", mas "já está presente aqui na terra, composta de homens membros da cidade terrestre, chamados justamente a formarem já na história do gênero humano a família dos filhos de Deus, que deve crescer sempre até a vinda do Senhor". Por um lado, ela "experimenta com o mundo a mesma sorte terrena"; por outro lado, ela "é como que o fermento e a alma da sociedade humana a ser renovada em Cristo e transformada na família de Deus" (GS 40/2). De modo que, "seguindo seu fim próprio salutar", a Igreja "acredita poder ajudar muito a tornar mais humana a família dos homens e sua história" (GS 40/3), bem como poder "receber preciosa e diversificada ajuda do mundo [...] na preparação do Evangelho" (GS 40/4).

A seguir, o texto trata do auxílio que a Igreja se esforça para prestar a cada homem, à sociedade humana e à atividade humana e do auxílio que a Igreja recebe do mundo. Atenhamo-nos apenas aos pontos que tratam do auxílio que ela presta à sociedade e à atividade humana e na medida em que eles ajudam a explicitar melhor a problemática de sua relação com o mundo.

No que diz respeito ao serviço que a Igreja presta ou deve prestar à sociedade, o texto afirma que "a união da família humana é consideravelmente corroborada e completada pela unidade dos filhos de Deus que se fundamenta em Cristo" (GS 42/1). Por várias razões e de vários modos. *Primeiro*, em função de sua própria missão: "A missão própria que Cristo confiou à sua Igreja por certo não é de ordem política, econômica ou social. Pois a finalidade que Cristo lhe prefixou é de ordem religiosa. Mas, na verdade, desta mesma missão religiosa decorrem benefícios, luzes e forças que podem auxiliar a organização e o fortalecimento da comunidade humana segundo a Lei de Deus". E, se necessário, "a Igreja pode e deve promover atividades destinadas ao serviço de todos, sobretudo dos indigentes" (GS 42/2). *Segundo*, porque "a promoção da unidade [entre os povos] se harmoniza com a missão íntima da Igreja", enquanto "sacramento ou sinal e instrumento da união profunda com Deus e da unidade de todo o gênero humano" (GS 42/3). *Terceiro*, na medida em que "a Igreja não se prende, por força de sua missão e natureza, a nenhuma forma particular de cultura humana, sistema político, econômico ou social" e, assim, "pode aparecer como uma ligação muito estreita entre as diversas comunidades humanas e nações" (GS 42/4). O serviço que a Igreja pode e deve prestar à sociedade se fundamenta, portanto, em sua própria *missão*, *natureza* e *universalidade*. Por tudo isso, o Concílio considera, "com grande respeito, todas as coisas verdadeiras, boas e justas, nas múltiplas instituições que a humanidade construiu e constrói para si sem cessar" e declara que "a Igreja quer ajudar a promover todas essas instituições, enquanto isso depender dela e estiver de acordo com sua missão" (GS 42/5).

No que diz respeito ao serviço que a Igreja presta ou deve prestar à atividade humana, "o Concílio exorta os cristãos, cidadãos de uma e outra cidade, a procurarem desempenhar fielmente suas tarefas terrestres, guiados pelo espírito do Evangelho". Critica a contraposição entre ambos e insiste em sua mútua implicação: "Afastam-se da verdade os que, sabendo não termos aqui cidade permanente, mas caminhamos para a futura, julgam, por conseguinte, poderem negligenciar seus deveres terrestres, sem perceberem que estão mais obrigados a cumpri-los, por causa de sua fé, de acordo com a vocação à qual cada um foi chamado".[37] Mas, continua o texto, "não erram menos aqueles que, ao contrário, pensam que podem entregar-se de tal maneira às atividades terrestres, como se elas fossem absolutamente alheias à vida religiosa, julgando que esta consiste somente nos atos do culto e no cumprimento de alguns deveres morais". Na verdade, "este divórcio entre a fé professada e a vida cotidiana de muitos deve ser enumerado entre os erros mais graves do nosso tempo". Não se deve criar "oposição artificial entre as atividades profissionais e sociais de uma parte, e de outra, a vida religiosa", pois "ao negligenciar os seus deveres temporais, o cristão negligencia os seus deveres para com o próximo e o próprio Deus e coloca em perigo a sua salvação eterna" (GS 43/1).

A seguir, o texto chama a atenção para o que é próprio dos leigos e o que é próprio dos pastores: "As profissões e atividades seculares competem propriamente aos leigos, ainda que não de modo exclusivo". Eles devem "gravar a lei divina na cidade terrena" (GS 43/2): "Os leigos, que devem participar ativamente em toda a vida da Igreja, estão obrigados não somente a impregnar o mundo de espírito cristão, mas também são chamados a serem testemunhos de Cristo em tudo, no meio da comunidade humana" (GS 43/4). Aos pastores cabe pregar "a mensagem de Cristo de tal modo que todas as atividades terrestres dos fiéis sejam banhadas pela luz do Evangelho", sem esquecer que, "com seu comportamento cotidiano e com sua solicitude, apresentam ao mundo a face da Igreja, por onde os homens julgam a força e a verdade da mensagem cristã" (GS 43/5).

O texto acima apresentado é resultado de um esforço gigantesco por explicitar e formular a relação da Igreja com o mundo, a partir

---

[37] No capítulo anterior, tratando do "sentido da atividade humana no mundo", adverte o Concílio: "a esperança de uma nova terra, longe de atenuar, antes deve impulsionar a solicitude pelo aperfeiçoamento desta terra" (GS 39/2).

da própria compreensão que a Igreja tem de si no Concílio (cf. GS 2/1; 40/1). De modo que essa relação aparece como algo constitutivo da Igreja, sem a qual sua identidade e missão ficam gravemente comprometidas, quando não negadas e/ou inviabilizadas. Ele representa um passo fundamental tanto na autocompreensão da Igreja quanto no modo de conceber e configurar sua presença e ação no mundo. E nisso residem sua importância e seu valor permanentes.

Ambiguidades na formulação conciliar

Mas é preciso avançar, sobretudo, na conceituação dessa problemática. A relação da Igreja com o mundo é formulada no Concílio ainda em termos um tanto dualistas e ambíguos ou, pelo menos, pouco precisos (terrestre – celeste; humano – religioso; fé – vida), o que pode levar a equívocos na compreensão do texto ou mesmo a distorções de seu sentido fundamental. Sem falar no caráter genérico e abstrato de sua compreensão, na medida em que não considera suficientemente o mundo com o qual a Igreja tem que se relacionar (mundo de pobreza, injustiça, opressão), nem o lugar que ela deve ocupar nesse mundo e a partir de onde ela deve agir (mundo dos pobres e oprimidos). São os dois aspectos que comentaremos a seguir e a partir de onde cremos poder e dever avançar na compreensão e formulação da relação Igreja-mundo.

Formulação da problemática

Antes de tudo, é preciso avançar na *formulação* dessa problemática. O texto insiste em que não se pode separar nem muito menos opor "celeste e terrestre", "religioso e humano", "fé e vida", "Igreja e mundo", ainda que tampouco se possa identificar sem mais um com o outro. Mas esse modo de formular a questão, em contraposição explícita a concepções excessivamente dualistas, é ainda um tanto dualista: parte dos dois termos para estabelecer, depois, uma relação entre eles. É verdade que, ao explicitar a relação como algo constitutivo, supera-se o dualismo. É verdade também que a conservação dos dois termos pode servir como advertência contra possíveis reducionismos. Mas a tradição dualista em que esses termos estão inseridos e, ainda hoje, em boa medida, são interpretados pode fazer de seu uso e de sua conservação um instrumento eficaz de permanência e/ou retorno do dualismo que se quer combater e superar. Daí a necessidade de se avançar na busca de uma formulação mais precisa e rigorosa.

Um passo importante, nesse sentido, parece-nos, é a formulação latino-americana dessa problemática a partir e em função da realidade e do conceito reinado de Deus – centro da vida e da missão de Jesus Cristo e, consequentemente, centro da vida e da missão de sua Igreja.[38] Se ela existe a partir e em função do reinado de Deus e se este tem a ver com o senhoril de Deus sobre a totalidade da vida de seu povo, não há nenhum aspecto e nenhuma dimensão da vida humana que seja indiferente a ela. Tudo que diz respeito à vida humana (economia, política, sociedade, cultura, religião, sexualidade etc.), diz respeito à Igreja, na medida em que deve ser configurado segundo o dinamismo do reinado de Deus, tal como se revelou na práxis de Jesus de Nazaré. E, aqui, podemos entender mais plenamente e sem ambiguidade a afirmação feita logo no Proêmio da *Gaudium et Spes*: "não se encontra nada verdadeiramente humano que não lhe ressoe o coração" (GS 1). E aquela outra afirmação tão central e decisiva, mas um tanto ambígua, de que a "missão própria" da Igreja "não é de ordem política, econômica ou social", mas de "ordem religiosa",

---

[38] É o que fazem, por exemplo, em El Salvador, dom Oscar Romero e dom Arturo Rivera em sua Carta Pastoral sobre *A Igreja e as organizações populares* (cf. ROMERO, Oscar; RIVERA, Arturo. "A Igreja e as organizações populares". In: VV.AA. *Voz dos sem voz*: a palavra profética de dom Oscar Romero. São Paulo: Paulinas, 1987, 127-170; ELLACURÍA, Ignacio. "Comentarios a la Carta Pastoral". In: *Escritos Políticos II*. San Salvador: UCA, 1993, 679-732). Mas, embora essa formulação tenha sido desenvolvida, sobretudo, na América Latina, não é completamente estranha ao texto conciliar. Ela aparece, explicitamente, por exemplo, na conclusão da primeira parte do documento: "A Igreja, enquanto ela mesma ajuda o mundo e dele recebe muitas coisas, tende a um único fim: que venha o Reino de Deus e seja instaurada a salvação de toda a humanidade. Todo o bem que o povo de Deus, no tempo de sua peregrinação terrestre, pode prestar à família dos homens deriva do fato de ser a Igreja 'o sacramento universal da salvação', manifestando e ao mesmo tempo operando o mistério de amor de Deus para com o homem" (GS 45/1).

Nas periferias do mundo

embora dela "decorram benefícios, luzes e forças" para a sociedade (GS 42/2).[39]

De modo que a compreensão e a formulação da relação Igreja-mundo a partir e na perspectiva do reinado de Deus, além de mais precisa e rigorosa tanto do ponto de vista teológico (natureza e missão da Igreja) quanto do ponto de vista teórico (conceituação), evitam o dualismo e as ambiguidades nunca totalmente superados do conceito "religioso" – compreendido, normalmente, em certa oposição ao "secular".

Compreensão do mundo e lugar da Igreja no mundo

Além da precisão teórico-teológica, essa compreensão e formulação da relação Igreja-mundo a partir e na perspectiva do reinado de Deus permite *concretizar* melhor essa relação, seja do ponto de vista histórico (assumindo o mundo tal como ele é), seja do ponto de vista teológico (determinando o lugar social que a Igreja deve ocupar nesse mundo).

Como indicamos acima, embora o Concílio tenha aberto a Igreja ao mundo, "não historicizou devidamente o que era esse mundo".[40] É verdade que ao falar das alegrias e das esperanças, das tristezas e das angústias dos "homens de hoje", acrescenta um "sobretudo

---

[39] A propósito deste texto do Concílio, diz Ellacuría em seu comentário à 3ª Carta Pastoral de dom Oscar Romero e dom Arturo Rivera sobre *A Igreja e as organizações políticas populares*: "É preciso esclarecer, aqui, o que significa que a missão não é de ordem política, econômica ou social, esclarecimento exigido pelo próprio texto que fala de como a missão religiosa reverte sobre o político, o econômico e o social. Efetivamente, a Igreja tem uma missão própria que não se identifica com a missão do Estado, nem com a dos partidos políticos, nem com a das empresas, nem com a dos sindicatos, nem com a das próprias organizações populares. Distingue-se de todas essas instituições pelo fim que a Igreja pretende e pelos meios que lhes são próprios, mas não se distingue por se referir ao que não fosse próprio das outras instituições. Nada do humano é estranho ao cristianismo; o próprio do cristianismo é o fim que se persegue com o humano e os meios com os quais se busca a realização desse fim. Daí que a missão da Igreja tenha a ver com o político, com o econômico e com o social. Não é dessa ordem, mas tem a ver com cada uma dessas ordens. O Concílio formula esse ter a ver em termos de ter funções, luzes e energias para que a sociedade humana seja como Deus quer. Portanto, a Igreja deve ter que introduzir no político, no econômico e no social não apenas luzes e energias, mas também funções que deem mais realidade a essas luzes e energias" (ELLACURÍA, Ignácio. Op. cit., 693).

[40] Idem. "El auténtico lugar social de la Iglesia". Op. cit., 449.

dos pobres e de todos os que sofrem" (GS 1/1). É verdade que, ao falar da "condição do homem no mundo de hoje", não deixa de se referir aos que padecem fome, miséria, analfabetismo, escravidão (GS 4/4), à injustiça e à distância cada vez maior entre nações ricas e pobres, à situação dos operários e dos lavradores (GS 9/2). E, assim, em várias outras ocasiões. No entanto, essa não é a preocupação central do Concílio[41] nem a perspectiva fundamental com a qual ele olha o mundo atual. Normalmente, fala do mundo, do homem, da humanidade em termos genéricos, abstratos, "universais", sem considerar devidamente sua concreção histórica atual (Que mundo? Que homem?).

Dom Aloísio Lorscheider chega a dizer que "o Vaticano II ignorou o submundo". Foi um Concílio "na perspectiva dos países ricos e da chamada cultura ocidental", dirá Ellacuría.[42] E não se trata apenas de uma questão de análise da realidade que se poderia e deveria corrigir, melhorar etc. Mas, mais radicalmente, do problema do lugar social que a Igreja deve ocupar nesse mundo. Ao não se explicitar e enfatizar devidamente os diferentes lugares sociais em nosso mundo, corre-se o risco de relativizar a determinação do lugar social que a Igreja, a partir e em vista de sua própria missão, deve ocupar nesse mundo: o dirigir-se a "todos" e o colocar-se a serviço de "todos", além de ofuscar/mascarar a distância e os conflitos reais entre as pessoas concretas e os povos concretos, termina sendo uma forma sutil de manter-se no lugar social que vinha ocupando historicamente (mundo dos ricos e opressores) e de evitar a discussão acerca do lugar

---

[41] Referindo-se à intervenção de vários bispos no Concílio em defesa da centralidade dos pobres na Igreja ou da "Igreja dos pobres", como propôs João XXIII, afirma Paul Gauthier: "Toda esta intervenção era, por certo, necessária e útil. Ela traçava caminhos para a evangelização dos pobres e para o apostolado no mundo do trabalho. Ela podia iluminar o conjunto das outras questões do Concílio. A marcha conciliar, entretanto, era comandada por outras preocupações: o episcopado, seu caráter sacramental, a colegialidade dos bispos como sucessores dos apóstolos, o diaconato como função normal do sacerdócio" (GAUTHIER, Paul. *O Concílio e a Igrejas dos pobres*. Op. cit., 247).

[42] ELLACURÍA, Ignácio. "Pobres". Op. cit., 173.

social que, em razão de sua missão, a Igreja *deve* ocupar (mundo dos pobres e oprimidos). Basta ver as "ponderações" e resistências à opção pelos pobres e as reações contra a teologia da libertação dentro da Igreja...

E, aqui, mais uma vez, a compreensão e formulação da relação Igreja-mundo a partir e na perspectiva do reinado de Deus são muito fecundas e eficazes, uma vez que, na perspectiva bíblica, o reinado de Deus diz respeito fundamentalmente à justiça aos pobres e oprimidos. Sua característica ou marca principal, diz Joaquim Jeremias, exegeta alemão, é que "Deus está realizando o ideal de justiça que sempre se esperava do rei, mas nunca realizado na terra": proteção aos desamparados, fracos e pobres, às viúvas e aos órfãos.[43] E, de fato, nos Evangelhos, Jesus compreende sua missão como dirigida aos pobres (Lc 4,18), proclama os pobres como bem-aventurados (Lc 6,20; Mt 5,3), realiza sua ação messiânica curando enfermos, libertando possessos e proclamando Boa Notícia aos pobres (Lc 7,18-23; Mt 11,2-6), põe o amor a Deus e ao próximo (caído/derrubado à beira do caminho) como condição para herdar a vida eterna (Lc 10,25-37) e estabelece como critério definitivo de pertença ou exclusão a seu reinado o fazer ou não fazer pelos pequenos (Mt 25,31-46). De modo que a vida real/concreta dos pobres e oprimidos deste mundo se converte, assim, em lugar e critério positivo (realização) e/ou negativo (obstáculo/impedimento) do reinado de Deus e, consequentemente, em lugar e critério da presença e ação da Igreja no mundo. Certamente, ela está destinada a "todos" e deve se dirigir a "todos", mas a partir dos pobres e oprimidos. A universalidade da missão da Igreja (todos) passa, portanto, necessariamente, por sua parcialidade (pobres e oprimidos).[44]

---

[43] JEREMIAS, Joachim. *Teologia do Novo Testamento*: a pregação de Jesus. São Paulo: Paulinas, 1977, 154.

[44] Cf. TABORDA, Francisco. "Puebla e as ideologias". In: *Cristianismo e ideologia*: ensaios teológicos. São Paulo: Loyola, 99-124.

4. Igreja e política

E é nesse horizonte mais amplo da problemática da relação Igreja-mundo que se pode e se deve compreender a relação da Igreja com a política. Certamente, a política tem dinamismo, estruturas e características próprias que tornam peculiar sua relação com a Igreja. Mas, na medida em que ela é um aspecto ou uma dimensão do mundo ou da realidade humana em sua totalidade, sua relação com a Igreja se inscreve e só pode ser compreendida no quadro mais amplo da relação Igreja-mundo, concretizando-a sob um determinado aspecto.

Apresentaremos, em primeiro lugar, o desenvolvimento do tema no cap. IV da segunda parte da *Gaudium et Spes*, que trata sobre "a vida da comunidade política". A partir daí, indicaremos algumas características e alguns critérios em vista de uma adequada configuração histórica da relação Igreja-política.

Capítulo IV da segunda parte da Gaudium et Spes

Conforme indicamos acima, a segunda parte da Constituição Pastoral *Gaudium et Spes* sobre a Igreja no mundo de hoje aborda "certos problemas" que considera de "maior urgência". Dentre eles, "a vida da comunidade política" (Cap. IV).[45] Foi o último capítulo a ser redigido (não aparecia como capítulo independente nos quatro primeiros esboços)[46] e é o menor capítulo da parte II do documento. Ele está estruturado em quatro pontos.

1. Começa apresentando algumas *características da vida pública atual*: influência das transformações culturais, políticas e econômicas sobre a comunidade política; exigência de maiores garantias dos direitos da pessoa; desejo de participação na vida política; rejeição de qualquer forma política que negue a liberdade (civil e/ou religiosa),

---

[45] Para uma análise mais detalhada e aprofundada deste capítulo, cf. CAMACHO, Ildefonso. Op. cit., 288-299.
[46] Cf. ibidem, 288.

que desvirtue o exercício da autoridade e que comprometa o bem comum em função de interesses particulares (GS 73).

2. Aborda, em seguida, a *problemática da natureza e do fim da comunidade política*. Para isso, distingue "comunidade civil" (indivíduos, famílias, agrupamentos diversos), "comunidade política" (comunidade mais vasta) e "autoridade política" (cargo, responsabilidade). A comunidade política e, nela, a autoridade política existem por causa e em função do "bem comum", entendido como o "conjunto daquelas condições de vida social que permitem aos homens, às famílias e às sociedades conseguir mais fácil e desembaraçadamente a própria perfeição".[47] Por fim, fala dos limites do "exercício da autoridade política" ("ordem moral" – "ordem jurídica legitimamente estabelecida ou por estabelecer"), da legitimidade de reação contra o "abuso da autoridade", bem como da legitimidade do pluralismo dos "modos concretos" de organização e estruturação da comunidade política (GS 74).

3. E prossegue tratando da *cooperação de todos na vida política*. Nesse contexto, fala da participação dos cidadãos na vida política ("estabelecimento dos fundamentos jurídicos", "gestão dos negócios públicos", "determinação do campo de ação e dos fins das várias instituições", "eleição dos governantes"); do ordenamento jurídico-positivo da comunidade política em vista da divisão dos poderes e da proteção dos direitos; alerta para que não se atribua "demasiado poder a autoridade" nem se exija dela "privilégios e proveitos"; rejeita as "formas totalitárias ou ditatoriais" de exercício da autoridade política; estimula o "amor à pátria, mas sem estreiteza de espírito"; trata do "papel próprio e especial" dos cristãos em uma comunidade

---

[47] "Parte-se de uma *comunidade política*, considera-se depois o *bem comum* e se desemboca, por fim, na *autoridade política*. Para descobrir a novidade dessa proposta da *Gaudium et Spes*, basta recordar que a doutrina tradicional sempre tomou como eixo central a autoridade. Talvez a comunidade política seja o conceito mais inovador. A autoridade não é, como costumava aparecer na tradição, uma exigência apenas da sociedade, mas sim da comunidade política" (ibidem, 291), que tem como finalidade o "bem comum". Nesse contexto, "pode-se entender o sentido da *autoridade*: ela nada mais é do que um instrumento para tornar possível o bem comum em uma comunidade pluralista" (ibidem, 292).

política plural: "reconheçam as opiniões legítimas, mas discordantes entre si, sobre a organização da realidade temporal; respeitem os cidadãos, também associados, que as defendem honestamente"; e termina destacando a importância da "educação civil e política" para todos os cidadãos, particularmente para os que exercem ou vão exercer "a difícil e ao mesmo tempo nobilíssima arte política": "lutem contra a injustiça e a opressão ou o absolutismo e a intolerância [...]; dediquem-se, porém, ao bem de todos com sinceridade e retidão, bem mais com o amor e a coragem exigidos pela vida política" (GS 75).

4. Por fim, confronta-se com a problemática da relação entre *a comunidade política e a Igreja* – problemática particularmente relevante "onde vigora a sociedade pluralista". Nesse contexto, é necessário, antes de tudo, distinguir entre "as atividades que os fiéis, isoladamente ou em grupos, guiados pela consciência cristã, executam em seu nome como cidadãos e as que realizam em nome da Igreja, juntamente com os pastores". Além do mais, é preciso distinguir claramente a Igreja e a comunidade política. Elas são "independentes e autônomas uma da outra", embora estejam "a serviço da vocação pessoal e social dos mesmos homens". Essa independência e autonomia se dão em razão da "finalidade" e da "competência" de cada uma delas. Por isso, a Igreja "de modo algum se confunde com a comunidade política e nem está ligada a nenhum sistema político". Certamente, pode e deve haver uma "sã cooperação" entre elas, desde que esteja de acordo com sua finalidade e sua competência ("caráter transcendente", "vocação eterna") e com os meios próprios que dispõe ("caminhos e auxílios próprios ao Evangelho" – pregação do Evangelho e da doutrina, testemunho dos fiéis). É dessa forma que a Igreja, em um contexto político plural, "contribui para que a justiça e a caridade floresçam mais amplamente no seio de cada nação e entre as nações", ao mesmo tempo em que "respeita e promove também a liberdade política e a responsabilidade dos cidadãos". Para isso, deve, por um lado, renunciar aos "privilégios" historicamente

Nas periferias do mundo

adquiridos[48] e, por outro lado, ter assegurado e respeitado o livre exercício de sua missão, inclusive no que diz respeito à "ordem política", sempre que "exijam os direitos fundamentais da pessoa ou a salvação das almas, empregando todos os recursos, e somente estes, que estão de acordo com o Evangelho e com o bem de todos, conforme a diversidade dos tempos e das situações" (GS 76).

Características e critérios da relação Igreja-política

Certamente, o Concílio não faz uma abordagem completa e exaustiva da problemática da relação entre a Igreja e a política. Até porque, pela natureza mesma dessa relação, ela depende em boa medida do contexto e das circunstâncias em que se dá; o que, de algum modo, vale para a problemática mais ampla da relação Igreja-mundo, como reconhece e adverte explicitamente o próprio documento em sua conclusão (cf. GS 91/2). Em todo caso, ele identifica/indica alguns aspectos fundamentais e determinantes dessa relação, bem como alguns critérios que devem orientar e regulamentar sua configuração histórica. É o que destacaremos a seguir em uma formulação mais concisa e rigorosa.

Em primeiro lugar, é preciso insistir em que a Igreja não é uma organização política, embora não possa ser indiferente à política. Não é uma organização política porque sua *finalidade/missão* não se reduz à organização política da sociedade e porque não dispõe de *meios/instrumentos* propriamente políticos de atuação. Sem falar que, por sua própria estrutura e por seu próprio dinamismo, sem entrar em questões de ordem estritamente teológicas, ela se configura como uma organização e uma força sociais e não políticas. Mas não pode ser indiferente à política, uma vez que sua missão própria

---

[48] O texto, aqui, é um tanto ambíguo. Começa afirmando que a Igreja, no exercício de sua missão, "não coloca a sua esperança nos privilégios oferecidos pela autoridade civil". E, como que reforçando, justificando e exemplificando isso, afirma que ela "renunciará" (deverá renunciar!?) "ao exercício de direitos legitimamente adquiridos, onde constar que o uso deles coloca em dúvida a sinceridade do seu testemunho ou as novas condições de vida exigirem outra disposição" (GS 76/5). Afinal, "privilégios" ou "direitos legitimamente adquiridos"???

e específica tem a ver com a realização histórica do reinado de Deus neste mundo, isto é, com a configuração e estruturação da vida humana em sua totalidade, segundo o dinamismo do reinado de Deus revelado na práxis de Jesus de Nazaré. De modo que, embora não seja uma instituição e uma força políticas, a Igreja não pode ser indiferente à organização política da sociedade. Ela tem interesse político (organização da sociedade segundo o dinamismo do reinado de Deus) e atua/interfere na vida política com os meios de que dispõe, enquanto organização e força sociais (princípios e valores, conscientização, denúncia, mobilização popular, pressão social, articulação com outras forças sociais como sindicatos, organizações e movimentos populares etc.).

Em segundo lugar, é necessário reconhecer, levar a sério e valorizar o *caráter plural da sociedade e de sua organização política*. Há quem diga que a maior novidade do Concílio no que diz respeito à problemática da relação Igreja e política é o "pressuposto sobre o qual é elaborada toda a doutrina deste capítulo: a aceitação, sem reservas, do pluralismo social".[49] Se antes insistíamos em que a Igreja é *uma* organização/força de natureza social e que, enquanto tal, é que atua/interfere na vida política, agora é preciso insistir em que ela é uma organização/força social *entre outras* organizações/forças sociais. E isso aponta não apenas para o fato da existência de forças sociais e políticas diversas e até conflitivas, mas também para as consequências desse fato no que diz respeito ao modo de a Igreja intervir/atuar no conjunto da sociedade, particularmente em sua organização política. Ela não pode ignorar esse pluralismo social e político e querer impor de qualquer modo e a qualquer preço sua concepção e seus interesses para o conjunto da sociedade. Terá que intervir como *uma* organização/força entre outras e em conflitos com outras. Sempre em vista de sua finalidade/missão e com os meios próprios de que

---

[49] CAMACHO, Ildefonso. Op. cit., 296s.

dispõe e sempre em respeito e diálogo com outras organizações e forças sociais e políticas.

Em terceiro lugar, há que se distinguir e respeitar na atuação política da Igreja a ação individual e/ou em grupo dos cristãos e a ação da comunidade eclesial institucionalmente considerada. Ambas são legítimas, mas distintas. Os cristãos atuam na sociedade e na política não apenas através da comunidade eclesial, mas também mediante outras forças sociais (associações, sindicatos, movimentos sociais, escolas, universidades, meios de comunicação sociais etc.) e, inclusive, mediante forças estritamente políticas (partidos, governos etc.). E o fazem com os meios/instrumentos de que dispõem essas organizações e forças sociais e políticas (mobilização, conhecimento, mídia, governo, leis etc.), ainda que devam fazer sempre como cristãos. Já a atuação política da comunidade eclesial, institucionalmente considerada, além de se dar a partir e em vista de sua missão (que o reinado de Deus se torne realidade também nas estruturas políticas da sociedade), dá-se também mediante os meios/instrumentos de que dispõe: ação dos cristãos, conscientização, denúncia, convocação, mobilização, pressão etc. De modo que, por mais legítima que seja a atuação de um cristão ou de um grupo de cristãos em determinada organização/força social e política, ela não pode jamais ser identificada sem mais com a atuação da comunidade. Ela tem sua própria dinâmica (fins – meios).

Em quarto lugar, convém considerar o caso particular dos que exercem na Igreja o ministério de coordenação ou de presidência. Seja através do ministério ordenado (bispo, presbítero, diácono), seja através do ministério reconhecido e legitimado pela comunidade eclesial (coordenadores de comunidade, de pastorais e organismos eclesiais, coordenações e conselhos pastorais). Embora a Igreja não se identifique com as pessoas que a presidem, dada a relação estreita e particular destas com o dinamismo institucional, devem cuidar para que sua forma e seu lugar de atuação social e política, por mais legítimos que sejam, não se imponham nem sejam identificados sem mais com a forma e o lugar de atuação social e política da Igreja. Além do mais, na medida em que assumem o serviço de coordenação ou de presidência da comunidade eclesial, assumem o compromisso de se dedicarem de modo especial ao seu dinamismo e à sua eficácia institucionais. Por essa razão, pensamos que quem assume a tarefa de coordenação ou presidência eclesial (sobretudo, no caso do ministério ordenado) não deve, em princípio, assumir a direção de uma organização política nem entrar na disputa por cargos de governo. E, caso o façam, deveriam renunciar à presidência da comunidade eclesial.

Por fim, em quinto lugar, é preciso ter muito claro e levar muito a sério o critério fundamental da atuação política da Igreja. Uma vez que ela se dá a partir e em vista de sua missão, isto é, da realização do reinado de Deus nas estruturas da sociedade, e uma vez que o reinado de Deus tem a ver fundamentalmente com a justiça aos pobres e oprimidos deste mundo, estes se constituem em critério e medida de sua atuação política. Os pobres e oprimidos são a balança de qualquer dinamismo, processo ou estrutura social e política e o critério de qualquer aliança ou oposição social e política. Na perspectiva cristã, uma luta ou movimento, uma organização, um costume, uma lei, um governo etc. têm nos pobres e oprimidos sua prova de fogo, sua medida ética e escatológica: eles são "os juízes da vida democrática de uma nação"[50] e, mais radicalmente, da afirmação ou negação objetiva do reinado de Deus nas estruturas da sociedade (Mt 20,1-16; 25,1-16). De modo que toda ação política da Igreja deve se dar a partir e em vista dos direitos e dos interesses dos pobres e oprimidos. E tanto no que diz respeito à estruturação política da sociedade quanto à aliança ou oposição com as diversas forças sociais e políticas da sociedade – independentemente de sua confissão religiosa e de sua relação com a Igreja.

---

[50] CNBB. *Exigências éticas de uma ordem democrática*. São Paulo: Paulinas, 1989, n. 72 (Coleção Documentos da CNBB 42).

5. A modo de conclusão

A problemática da relação *Igreja e política* não é algo secundário nem opcional na vida da Igreja. Nem de fato (a história está para provar) nem de direito (como explicitamos neste artigo a partir do Concílio). É algo que afeta e diz respeito ao núcleo mais fundamental de sua missão: a realização do reinado de Deus nas estruturas políticas da sociedade.

De modo que, embora a Igreja não seja uma organização nem uma força política, tem, em virtude de sua própria missão, *interesses políticos* (estruturação política da sociedade segundo o dinamismo do reinado de Deus) e interfere/atua na vida política de acordo com os *meios de que dispõe* (enquanto organização e força social). E o faz tomando como *critério e medida* os clamores e as necessidades dos pobres, dos oprimidos e das vítimas da sociedade (para além de interesses institucionais, de tradições, costumes, normas etc.), n'Ele, juízes e senhores de nossas vidas, de nossas igrejas e das estruturas políticas da sociedade.

Capítulo V

Diálogo inter-religioso por uma cultura de paz[1]

Este texto trata do tema de um dos círculos de debate do II Fórum Brasileiro de Cultura, promovido pela Conferência Nacional dos Bispos do Brasil na Faculdade Católica de Fortaleza nos dias 17-19 de maio de 2011: diálogo inter-religioso por uma cultura de paz. Nossa pretensão, aqui, é apenas *problematizar* o tema sugerido, ainda que ao fazê-lo coloquemos as *bases para um desenvolvimento sistemático e aprofundado* do mesmo. E tanto no que diz respeito aos *fundamentos* da discussão quanto no que diz respeito ao *modo* ou ao *método* adequado de seu desenvolvimento.

A abordagem do tema, tal como está formulada e proposta, envolve três problemas distintos, mas intimamente articulados: cultura de paz, diálogo inter-religioso e diálogo inter-religioso como instrumento ou mediação para uma cultura de paz. Antes de vermos até

---
[1] Publicado em *Teocomunicação* 42 (2012) 359-375.

que ponto e em que sentido o diálogo inter-religioso é necessário ou ao menos pode contribuir para uma cultura de paz (III), é importante explicitar o que entendemos por cultura de paz (I) e o que entendemos por diálogo inter-religioso (II). E essa é a estrutura fundamental da reflexão que desenvolveremos a seguir.

1. Cultura de paz

O primeiro problema com o qual temos que nos confrontar diz respeito à compreensão do que seja *cultura de paz*. O que entendemos por isso e o que queremos dizer com isso? Não é nada evidente nem o que seja cultura, nem o que seja paz, nem, consequentemente, o que seja cultura de paz. Há uma diversidade de compreensões de cada uma dessas realidades que torna sua abordagem extremamente complexa e problemática. Por isso mesmo, precisamos nos enfrentar com essas três questões e deixar claro o que entendemos por cada uma delas, ou seja, em que sentido falamos, aqui, de cultura, de paz e de cultura de paz.

Cultura

Antes de tudo, precisamos deixar claro o que entendemos por cultura ou a que nos referimos quando falamos de cultura, pois esta é uma expressão profundamente equívoca e ambígua. Ela tem vários sentidos e é usada para indicar realidades muito distintas, ainda que não necessariamente contrárias.

John B. Thompson, professor de sociologia na Universidade de Cambridge, por exemplo, chama atenção para os "muitos usos, passados e presentes, do conceito cultura", detendo-se na abordagem de quatro de seus sentidos ou concepções.[2]

Em primeiro lugar, o que chama "concepção clássica" de cultura. Ela foi desenvolvida entre filósofos e historiadores alemães nos

---

[2] THOMPSON, John B. *Ideologia e cultura moderna*: teoria social crítica na era dos meios de comunicação de massa. Petrópolis: Vozes, 2009, 165s.

séculos XVIII e XIX e diz respeito, fundamentalmente, ao "processo de desenvolvimento intelectual ou espiritual" de um povo.[3] Por cultura, entende-se, aqui, "o processo de desenvolvimento e enobrecimento das faculdades humanas, um processo facilitado pela assimilação de trabalhos acadêmicos e artísticos e ligado ao caráter progressista da era moderna".[4]

Em segundo lugar, o que denomina "concepção descritiva" da cultura: uma concepção estreitamente ligada ao surgimento da disciplina de Antropologia, no fim do século XIX, interessada na "descrição etnográfica de sociedades não europeias".[5] Ela se refere ao "conjunto de crenças, costumes, ideias e valores, bem como os artefatos, objetos e instrumentos materiais, que são adquiridos pelos indivíduos enquanto membros de um grupo ou sociedade", e seu estudo envolve "comparação, classificação e análise científica desses diversos fenômenos".[6]

Em terceiro lugar, o que define como "concepção simbólica" da cultura: voltada para os fenômenos simbólicos e para sua interpretação. Ela diz respeito ao "padrão de significados incorporados nas formas simbólicas, que inclui ações, manifestações verbais e objetos significativos de vários tipos, em virtude dos quais os indivíduos comunicam-se entre si e partilham suas experiências, concepções e crenças". A análise cultural, aqui, tem a ver com a "elucidação desses padrões de significado, a explicação interpretativa dos significados incorporados às formas simbólicas".[7]

Em quarto lugar, o que chama "concepção estrutural" da cultura: a entende como "formas simbólicas em contextos estruturados".[8] É a posição proposta e defendida por Thompson. Ela enfatiza tanto o "caráter simbólico dos fenômenos culturais" quanto o fato de "tais

---

[3] Ibidem, 166.
[4] Ibidem, 170.
[5] Ibidem, 171.
[6] Ibidem, 173.
[7] Ibidem, 176.
[8] Ibidem, 166, 181.

fenômenos estarem sempre inseridos em contextos sociais estruturados", e pode ser definida como "o estudo das formas simbólicas – isto é, ações, objetos e expressões significativas de vários tipos – em relação a contextos e processos historicamente específicos e socialmente estruturados dentro dos quais, e por meio dos quais, essas formas simbólicas são produzidas, transmitidas e recebidas".[9] A análise cultural deve ser entendida, aqui, portanto, como "o estudo da constituição significativa e da contextualização social das formas simbólicas".[10]

Já Paulo Suess, o teólogo no Brasil que mais se tem confrontado com a problemática da cultura e da inculturação do Evangelho, identifica sete conceitos de cultura, "empregados, às vezes, concomitantemente nos mesmos textos", de modo particular em "textos teológicos e documentos eclesiásticos":[11] 1. Cultura como "realizações do espírito humano": arte, literatura, educação, religião; 2. Cultura como "superestrutura ou ideologia": reflexo ou projeção do mundo material/econômico, encobrimento e justificação do *status quo*; 3. Cultura como "setor ou 'departamento' da realidade social": política, economia e cultura; 4. Cultura como "civilização": progresso material e tecnológico; 5. Cultura como "valores universais" ou "metacultura": denominador comum entre muitos povos (paz, amor, solidariedade, trabalho, democracia etc.); 6. Cultura como "antivalores": consumismo, hedonismo, morte; 7. Cultura como "segundo meio ambiente" ou "ecossistema humano": diferença específica de cada grupo (política, estruturas de poder, construções materiais, modo de produção, educação, arte, religião etc.).[12]

Grosso modo, podemos distinguir no uso cotidiano da expressão cultura entre nós três sentidos fundamentais que, de alguma forma, articulam e condensam os vários sentidos acima indicados.

---

[9] Ibidem, 181
[10] Ibidem, 166.
[11] SUESS, Paulo. "Evangelizar os pobres e os outros a partir de suas culturas: uma proposta de fundo para Santo Domingo". *REB* 206 (1992) 364-386, aqui 366.
[12] Cf. ibidem, 366-368.

Às vezes, usa-se a expressão cultura para se referir a ou para designar atividades artísticas (pintura, teatro, poesia, dança, escultura etc.). Fala-se, neste contexto, de *show* cultural, amostra cultural, espaço cultural, momento cultural etc. Cultura é tomada, aqui, portanto, como sinônimo de *arte* em suas mais diversas expressões e, consequentemente, como *coisa de artista*. Trata-se, como se vê, de uma concepção muito reduzida de cultura, tanto no que diz respeito à sua abrangência (arte) quanto no que diz respeito aos seus sujeitos (artistas). É a concepção mais restrita e mais elementar de cultura entre nós.

Outras vezes, fala-se de cultura como sinônimo de *saber, conhecimento, erudição*: estudo, leitura, conhecimento de línguas, de escritores, de artistas, de obras literárias e artísticas etc. Quanto mais "culta" é uma pessoa, tanto mais cultura ela tem e, inversamente, quanto menos "culta" é uma pessoa, tanto menos cultura ela tem. Nesse sentido, cultura aparece como *coisa de intelectual, de gente erudita*. Trata-se, aqui, de uma concepção não apenas idealista, mas profundamente elitista de cultura. Além de reduzi-la ao âmbito da atividade intelectiva e de não considerar de modo suficiente a base material da própria atividade intelectiva (idealismo), desconsidera seu desenvolvimento e suas expressões populares, restringindo-a à atividade daqueles que podem se dar ao luxo de se dedicarem ao seu cultivo e desenvolvimento (elitismo).

Por fim, a expressão cultura é tomada para designar a vida concreta de um povo, um modo próprio de estruturar e dinamizar a vida. Esta concepção se aproxima do que Thompson chama "concepção descritiva" e do que Paulo Suess chama "segundo meio ambiente" ou "ecossistema humano". Ela diz respeito à *vida concreta de um povo* em sua totalidade ou ao *modo como um determinado povo vive* sua vida. Envolve, certamente, a atividade intelectiva de um povo (cultura como saber) e, de modo particular, sua atividade e suas expressões artísticas (cultura como arte). Mas envolve também a base material da atividade intelectual, o modo de produção e distribuição de bens e riquezas, o modo de organização social e política, as várias instituições, as relações de poder, a arquitetura etc. (cultura como modo de vida). E nesse sentido, ela *diz respeito a todas as pessoas*, ao povo em sua totalidade. Não é apenas coisa de artista ou de intelectual, mas *coisa do povo*. Esta concepção de cultura supera tanto a perspectiva idealista, que caracteriza as outras duas concepções (arte e saber), quanto a perspectiva elitista, que caracteriza a concepção anterior (coisa de intelectual/erudita), abrangendo a vida humana em sua totalidade e complexidade e envolvendo todas as pessoas.

Embora não tenhamos a pretensão de fazer um estudo exaustivo sobre a problemática da cultura e dos diversos sentidos em que esta expressão é utilizada entre nós, não podíamos deixar de esboçar ou ao menos fazer referência a estas distintas concepções. E não apenas por uma questão de precisão conceitual. É que, dependendo da compreensão que tenhamos de cultura, o que chamamos cultura de paz terá uma determinada abrangência e se efetivará de um modo determinado (arte, saber, modo de vida) e envolverá determinados sujeitos (artistas, intelectuais/eruditos, povo). Trata-se, portanto, de uma questão fundamental e decisiva para o nosso tema, ainda que não possamos desenvolvê-la suficientemente neste momento.

Em todo caso, é importante deixar claro que a expressão cultura será tomada, aqui, no sentido amplo e abrangente acima explicitado (modo de vida de um povo), tal como aparece na Constituição Pastoral *Gaudium et Spes* (53) e é retomado na Exortação Apostólica *Evangelii Nuntiandi* (20) e nas conferências episcopais latino-americanas de *Puebla* (385-393), *Santo Domingo* (228) e *Aparecida* (476).

Na formulação de Puebla, "com a palavra 'cultura' indica-se a maneira particular como em determinado povo cultivam os homens sua relação com a natureza [...] entre si próprios e com Deus, de modo que possam chegar a 'um nível verdadeira e plenamente humano'. É 'o estilo de vida comum' que caracteriza os diversos povos; por isso é que se fala de 'pluralidade de culturas'. A cultura assim entendida abrange a totalidade da vida de um povo: o conjunto dos valores [...] e dos desvalores [...], as formas através das quais estes valores ou desvalores se exprimem e configuram, isto é, os costumes, a língua, as instituições e estruturas de convivência social" (Puebla, 386s).

Na formulação mais elaborada de Paulo Suess, "a cultura engloba o conjunto da realidade sócio-histórica de um grupo humano. Já que a cultura não é um setor ou um subsistema da realidade social, as práticas políticas, econômicas e ideológicas são práticas no interior do campo cultural [...]. A cultura articula *visão, percepção, criação e organização social* do mundo. A cultura articula o mundo que vejo, sinto, faço, organizo e sonho. Através das culturas, os grupos humanos definem sua *identidade* frente à natureza e frente a outros grupos humanos".[13]

Esta concepção abrangente de cultura torna a problemática da construção de uma cultura de paz algo extremamente complexo, exigirá muito esforço e muita criatividade e envolverá os mais distintos sujeitos da vida coletiva, na medida em que ela diz respeito à totalidade da vida humana, e não apenas à sua dimensão intelectual, tampouco à sua expressão artística.

Paz

Também o conceito de paz é muito ambíguo e complexo e exige, como o conceito de cultura, maiores esclarecimentos e precisões. Não é nada evidente o que seja a paz nem como se dá sua construção histórica. Ela é tomada em vários sentidos: ausência de guerra, bem-estar interior, relações harmoniosas, garantia de direitos, justiça, plenitude de vida etc.

Consideremos, simplesmente, duas dessas concepções de paz que, ainda que não se excluam necessariamente, têm abrangência diferenciada e acabam desempenhando função social contrária.

---

[13] Idem. "A disputa pela inculturação". In: ANJOS, Márcio Fabri dos. *Teologia da inculturação e inculturação da teologia*. Petrópolis: Vozes, 1995, 113-132, aqui 114.

1. Há uma concepção que, embora não seja de todo falsa, é parcial e facilmente acaba numa visão reducionista da paz: ausência de guerra, de violência física e de derramamento de sangue. Nesta perspectiva, uma sociedade, por mais injusta que seja, poderia ser considerada pacífica desde que não estivesse envolvida em guerra e que não houvesse derramamento de sangue. Este modo de compreender a paz funciona, não raras vezes, como legitimação do *status quo* da sociedade: seja na medida em que silencia ou mascara as mais diversas formas de injustiça e opressão, seja na medida em responsabiliza os movimentos populares pelos conflitos existentes na sociedade e trata/qualifica as lutas por transformação social como atentado à paz.

Esta concepção reducionista e ideológica da paz é expressamente criticada em vários documentos do magistério da Igreja: "A paz não é ausência de guerra; nem se reduz ao estabelecimento do equilíbrio entre as forças adversas, nem resulta de uma dominação despótica" (GS, 78); "A paz não se reduz a uma ausência de guerra, fruto do equilíbrio sempre precário das forças" (PP, 76); "A paz não é a simples ausência de violências e de derramento de sangue. A opressão exercida pelos grupos de poder pode dar a impressão de que a paz e a ordem estão sendo mantidas, mas, na realidade, não se trata senão do 'germe contínuo e inevitável de rebeliões e guerras'" (Medellín, paz).

2. E há uma concepção mais abrangente, complexa e verdadeira da paz, proveniente da tradição bíblica e reafirmada em vários documentos do magistério da Igreja. Segundo esta concepção, a paz, certamente, tem a ver com ausência de guerra, de violência física e de derramamento de sangue, mas não se resume a isso. Ela diz respeito às condições materiais e espirituais da vida em sua totalidade: dos bens materiais ao exercício efetivo da liberdade e à harmonia das relações sociais e, inclusive, da relação com Deus. Nesta perspectiva, a ausência de guerra e de violência física, além de não ser suficiente para qualificar uma sociedade como pacífica, pode, como vimos,

acabar ofuscando outras formas de violência[14] que atentam contra a paz, como são a injustiça, a tirania, o machismo, o racismo, a homofobia etc.

Na perspectiva bíblica, a paz (*shalom*) tem a ver com a ausência de guerra, com a harmonia e o bem-estar interior, com o relacionamento entre as pessoas e com Deus, com prosperidade, com saúde, justiça, felicidade, salvação, enfim, com inteireza, integridade, completude.[15] A tradição profética, em especial, insiste muito na relação entre paz e justiça: a paz é fruto da justiça (Is 32,17). E a justiça tem a ver, antes de tudo, com o direito dos pobres:[16] "praticai a justiça e o direito, livrai o oprimido do opressor, não exploreis o migrante, o órfão e a viúva, não derrameis sem piedade sangue inocente neste lugar" (Jr 22,3). De modo que não se pode, biblicamente falando, separar a paz e a justiça da sorte dos pobres e oprimidos deste mundo.

Esta perspectiva é retomada e reafirmada em vários textos do magistério da Igreja (cf. GS 78 e PP, 76), particularmente na conferência de Medellín: "A paz é [...] obra da justiça; ela supõe e exige a instauração de uma ordem justa, na qual todos os homens possam realizar-se como homens, onde sua dignidade seja respeitada, suas legítimas aspirações satisfeitas, seu acesso à verdade reconhecido e sua liberdade pessoal garantida"; "não se consegue a paz senão criando uma ordem

---

[14] Oscar Romero e Ignácio Ellacuría, no contexto da guerra civil de El Salvador que custou a vida de mais de 75 mil salvadorenhos, inclusive a deles, se confrontaram com essa problemática e identificaram diversas expressões da violência. Cf. ROMERO, Oscar. "A Igreja e as organizações populares", in VV.AA. *Voz dos sem voz*: a palavra profética de dom Oscar Romero. São Paulo: Paulinas, 1987, 127-170, aqui 158-164; idem. "A missão da Igreja em meio à crise nacional", in Op. cit., 171-239, aqui 215-219; ELLACURÍA, Ignacio. "Comentarios a la Carta Pastoral", in *Escritos Políticos II*. San Salvador: UCA, 1993, 679-732, aqui 712-732.

[15] Cf. LÉON-DUFOUR, Xavier. "Paz". In: idem (dir.). *Vocabulário de Teologia Bíblica*. Petrópolis: Vozes, 2009, 729-734; GROSS, Heinrich. "Paz", in BAUER, Johannes B. *Dicionário de Teologia Bíblica*. São Paulo: Loyola, 1988, 823-827; PINHEIRO DE ANDRADE, Aíla Luzia. "Panorama bíblico sobre a paz como fruto da justiça". *Vida Pastoral* (2009) 265, 8-13.

[16] Cf. SICRE, José Luis. *Profetismo em Israel*: o profeta, os profetas, a mensagem. Petrópolis: Vozes, 2008, 357-380; GUILLET, Jacques. "Justiça", in LÉON-DUFOUR, Xavier. Op. cit., 499-510. "Para os semitas, a justiça é não tanto uma atitude passiva de imparcialidade, quanto um empenho do juiz em favor do que tem direito" (ibidem, 501). "Nas censuras proféticas, o justo ainda é o que tem direito, mas ele é quase sempre lembrado na sua condição concreta e no seu meio ambiente: esse inocente é um pobre e uma vítima da violência" (ibidem, 500).

nova que 'comporte uma justiça mais perfeita entre os homens'. Neste sentido, o desenvolvimento integral do homem, a passagem de condições menos humanas para condições mais humanas, é o novo nome da paz" (Medellín, paz).

Em síntese, a paz tem a ver, portanto, com a justiça, com a garantia das condições materiais e espirituais da vida, com a harmonia e a serenidade interior e com a relação com os outros e com Deus. A ausência de guerra e de violência física, por mais importante e necessária que seja, é apenas um aspecto, não necessariamente o mais determinante, do *shalom* ou da paz. E isso torna a problemática da construção de uma cultura de paz muito mais complexa e desafiante.

Cultura de paz

Tendo explicitado em que sentido falamos, aqui, de *cultura* (modo de vida) e de *paz* (*shalom*), podemos determinar agora com maior precisão o que entendemos por *cultura de paz*. Ela abrange todos os aspectos e todas as dimensões da vida humana e se caracteriza como *um modo concreto* (paz) de estruturar e dinamizar *a vida de um povo* (cultura); a paz não apenas qualifica superficialmente, mas estrutura/dinamiza internamente a cultura. Se a cultura diz respeito à vida concreta de um povo em sua totalidade, a paz diz respeito à realização dessa vida em plenitude e, consequentemente, aos meios materiais e espirituais de sua realização.

Falar de cultura de paz, portanto, é falar de um modo de organizar e dinamizar a vida, no qual se garantam, de modo equitativo, as condições materiais e espirituais da vida humana, tanto individual quanto coletivamente. Certamente, uma cultura de paz implica ausência de guerra, de violência física e de derramamento de sangue. Mas implica também, vale repetir, a garantia das condições materiais e espirituais necessárias para uma vida decente: alimento, moradia, saúde, lazer, liberdade, participação efetiva, respeito etc.

Sendo assim, a garantia e/ou negação dessas condições materiais e espirituais da vida humana se tornam o critério e a medida de uma cultura de paz. E tanto para se determinar sua realidade ou sua ausência num lugar e tempo determinados quanto para orientar sua construção histórica. De um modo ou de outro, ela tem que passar pela prova de fogo: a ausência ou existência de vítimas. São elas que determinam se e em que medida a paz é uma realidade ou se ela é apenas um discurso vazio que pode servir, inclusive, para encobrir e até justificar sua real negação.

2. Diálogo inter-religioso

A expressão *diálogo inter-religioso* é utilizada, comumente, para se referir ao diálogo e/ou à interação entre as religiões, enquanto a expressão *ecumenismo* é utilizada para designar o diálogo ou a interação entre as Igrejas cristãs.

Na América Latina tem-se falado muitas vezes de *macroecumenismo*[17] em vez de diálogo inter-religioso. Algumas pessoas resistem a essa expressão. Primeiro, por não enfatizar suficientemente a especificidade do ecumenismo e do diálogo inter-religioso e por acabar relativizando o sentido técnico que a expressão ecumenismo adquiriu no movimento ecumênico cristão: unidade das Igrejas cristãs.[18] Segundo, porque poderia soar como uma espécie de neocolonização cristã das religiões, ao utilizar, ainda que em seu sentido etimológico lato, através do prefixo macro, a mesma expressão usada para

---

[17] Cf. "'Manifesto' do I Encontro da Assembleia do Povo de Deus (Quito – Equador, 1992)", in TEIXEIRA, Faustino (org.). *O diálogo inter-religioso como afirmação da vida*. São Paulo: Paulinas, 1997, 147-151; "Proclamação do II Encontro da Assembleia do Povo de Deus (Cachipay, Colômbia, 1996)", in Op. cit., 153-155; CASALDÁLIGA, Pedro. "O macroecumenismo e a proclamação do Deus da Vida", in Op. cit., 31-38; CASALDÁLIGA, Pedro; VIGIL, José Maria. *Espiritualidade da libertação*. Petrópolis, Vozes, 1993, 192-200; VIGIL, José Maria. "Macroecumenismo: teologia latino-americana das religiões", in TOMITA, Luiza E.; BARROS, Marcelo; VIGIL, José Maria (org.). *Pluralismo e libertação*: por uma teologia latino-americana pluralista a partir da fé cristã. São Paulo: Loyola, 2005, 71-88.

[18] Cf. LORSCHEIDER, Aloísio. "Diálogo ecumênico e diálogo inter-religioso". *Kairós*, ano II, n. 1 (2005) 224-228, aqui 224; KASPER, Walter. Pontifício Conselho para a Promoção da Unidade dos Cristãos. "Paz no mundo inteiro e diálogo entre os cristãos e entre as religiões". Disponível em: <http://www.vatican.va/roman_curia/pontifical_councils/chrstuni/documents/rc_pc_chrstuni_doc_20020107_peace-kasper_po.html>. Acesso em: 02/06/2011.

designar a unidade das Igrejas cristãs: ecumenismo.[19] Em todo caso, a expressão macroecumenismo tem algumas vantagens que justificam sua preferência e que convém destacar.

Por um lado, enfatiza, já na nomenclatura, a importância e a necessidade de não separar os cristãos do conjunto da humanidade e, consequentemente, não separar a problemática da unidade das igrejas cristãs (ecumenismo) da problemática da unidade das religiões e dos povos (macroecumenismo), por mais irredutível que ela seja.[20] Aliás, como afirma a Constituição Dogmática *Lumen Gentium*, aquela deve ser "germe firmíssimo de unidade, esperança e salvação" para todos os povos, "sacramento visível desta salutífera unidade" (LG 9).

Por outro lado, pode ser uma advertência, pelo menos do ponto de vista etimológico, contra as trapas do logocentrismo que põe o logos no centro de tudo, como salvação de tudo. A problemática da unidade entre as religiões não é apenas uma questão de logos (discurso, linguagem) nem se dá simplesmente por meio dele (*dia*-logo), como pode sugerir a expressão diálogo inter-religioso. O logos, por mais importante e decisivo que seja, é apenas *um modo* de intelecção.[21] E a própria intelecção só existe como um momento do processo mais amplo e complexo da interação ou práxis humana.[22] Só no contexto de uma práxis determinada pode-se compreender o uso/sentido de

---

[19] Essa crítica foi feita em uma das aulas na disciplina ecumenismo e diálogo inter-religioso que ministro na Faculdade Católica de Fortaleza.

[20] O próprio Kasper, não obstante sua reserva e rejeição à expressão macroecumenismo, reconhece que "o diálogo ecumênico e o diálogo inter-religioso são afins e estão ligados entre si", ainda que insistindo no fato de que eles "não se identificam um com o outro" (KASPER, Walter. Op. cit.).

[21] Zubiri distingue no ato intelectivo três modos de intelecção: apreensão primordial, logos e razão (cf. ZUBIRI, Xavier. *Inteligencia sentiente. Inteligencia y realidad*. Madrid: Alianza Editorial, 2006; idem. *Inteligencia y logos*. Madrid: Alianza Editorial, 2002; idem. *Inteligencia y razón*. Madrid: Alianza Editorial, 1983).

[22] Cf. idem. *Sobre El hombre*. Madrid: Alianza Editorial, 1998, 11-41; idem. *Inteligencia sentiente. Inteligencia y realidad*. Op. cit., 281-285. Para uma visão de conjunto da análise zubiriana da intelecção humana, cf. AQUINO JÚNIOR, Francisco de. *A teologia como intelecção do reinado de Deus*: o método da Teologia da Libertação segundo Ignacio Ellacuría. São Paulo: Loyola, 2010, 215-245.

um logos determinado – caráter práxico da linguagem.[23] De modo que o problema da relação e da unidade entre as religiões, mais que um problema de *diá-logo*, é um problema de *inter-ação*.[24] Em todo caso, quer se falando de diálogo inter-religioso, quer se falando de macroecumenismo, é importante (1) não separar o problema da unidade dos cristãos do problema da unidade das religiões e dos povos e (2) dar-se conta de que esse problema, mais que uma questão de diálogo (discurso, doutrina), é uma questão de interação (práxis); que o próprio diálogo não é senão um momento da interação religiosa.[25] Isso é fundamental tanto para a compreensão da problemática das religiões e da relação entre elas (que não se reduz a discurso) quanto para a determinação do modo teórico e práxico de orientar e efetivar a interação e o diálogo inter-religiosos.

"Diálogo" inter-religioso por uma cultura de paz

Depois de termos explicitado nos itens anteriores em que sentido falamos de *cultura de paz* e de *"diálogo" inter-religioso*, resta-nos abordar o problema de até que ponto e em que sentido o *"diálogo"*

---

[23] Cf. WITTGENSTEIN, Ludwig. *Philosophische Untersuchungen*. Frankfurt am Main: Suhrkamp, 2003, §§ 23, 30, 37, 43.

[24] Nesta perspectiva, é muito fecunda e provocadora a proposta de González Faus de passar "do diálogo à diapráxis" (cf. GONZÁLEZ FAUS, José Ignácio. "Religiones de la tierra y universalismo de Cristo. Del dialogo a la diapraxis", in CRISTIANISME I JUSTICIA [Ed.]. *Universalidad de Cristo, universalidad del pobre. Apostación al diálogo interreligioso*. Santander: Sal Terrae, 1995, 103-143).

[25] Tratando especificamente da problemática do ecumenismo, Ellacuría levanta uma "suspeita epistemológica" de que "a raiz da divisão na confissão da fé e, consequentemente, o caminho da unidade não está fundamentalmente nas diversas formulações e interpretações da fé, mas em determinadas *práxis* pessoais e estruturais que posteriormente são formuladas em termos de fé" (ELLACURÍA, Ignácio. "El problema 'ecumenismo e promoção da justiça'", in *Escritos Teológicos III*. San Salvador: UCA, 2002, 375-378, aqui 375). Segundo ele, "esta suspeita epistemológica se funda no fato de que, em boa parte, as formulações e as interpretações dependem da *práxis* na qual estão inseridas e do interesse ao qual serve, bem como no fato de que a práxis se converte na verificação real do sentido que se está dando realmente às formulações teóricas" (ibidem, 376). No caso do ecumenismo, isso vale tanto para compreensão da divisão entre as igrejas cristãs quanto para a busca do caminho da "restauração da unidade" entre elas. No caso do macroecumenismo, vale tanto para compreensão da diversidade de tradições e, concretamente, de concepções e doutrinas religiosas quanto para a questão da interação e do diálogo entre essas diversas tradições religiosas.

inter-religioso é necessário ou ao menos pode contribuir *para uma cultura de paz*.

Antes de tudo, é preciso ter em conta que o "diálogo" inter-religioso está colocado e abordado, aqui, numa perspectiva bem concreta e determinada, isto é, em vista ou em função de uma cultura de paz. Não se trata, portanto, de comparar religiões; menos ainda de comparar concepções ou doutrinas religiosas. Nem sequer se trata de dialogar por dialogar. Trata-se, antes, de ver até que ponto e em que medida as diferentes religiões (com suas práticas, seus ritos/símbolos, seus valores, suas concepções/doutrinas, seu potencial humanizador e/ou opressor etc.) e a interação entre elas podem ser, de fato, fermento de uma cultura de paz.

Isso pode parecer, à primeira vista, algo muito distante e irrelevante, pelo menos para o caso mais concreto e imediato da América Latina e do Brasil, onde o número dos que se declaram pertencentes a tradições religiosas não cristãs é muito pequeno. Na América Latina, 92,5% da população se declara cristã e apenas 3,9% se declara pertencente a outras tradições religiosas (dados de 2010).[26] No Brasil, 89,5% da população se declara cristã e apenas 3,2% se declara pertencente a outras tradições religiosas (dados de 2000).[27] Mas esse dado pode ser, de alguma forma, relativizado.

Primeiro, considerando os vínculos nem sempre explícitos, para não falar da dupla pertença religiosa, sobretudo, com o espiritismo e com as tradições de origem africana. No caso do Brasil, de acordo com o censo de 2000, apenas 2.262,378 pessoas se declaram espíritas e apenas 525,011 pessoas se declaram ligadas a religiões afro-brasileiras.[28] Mas o número dos que frequentam esporadicamente esses grupos religiosos ou mesmo dos que mantêm uma dupla pertença

---

[26] Cf. DAMEN, Franz. "Panorama das religiões no mundo 1910-2010", in VIGIL, José Maria; CASALDÁLIGA, Pedro. *Latino-américa mundial 2011. Que Deus? Que religião?* São Paulo: Ave-Maria, 2011, 22-24, aqui 23.

[27] Cf. JACOB, Cesar Romero et al. *Atlas da filiação religiosa e indicadores sociais no Brasil.* Rio de Janeiro: PUC-Rio; São Paulo: Loyola, 2003, 34.

[28] Cf. ibidem, 103.

religiosa, e, sobretudo, o número dos que são influenciados por elas (por exemplo: reencarnação, encosto, relação com os mortos etc.), é, sem dúvida nenhuma, muito maior do que se pode imaginar.

Segundo, considerando o número dos que se declaram sem religião, o que não deve ser apressadamente identificado com ateísmo. De acordo com o censo de 2000, ele compreende 7,4% da população. Isso é bem mais que o dobro dos que se declararam membros de outras tradições religiosas. Esse número vem aumentando de maneira significativa nas últimas décadas: 0,8% (1970), 1,6% (1980), 4,7% (1991), 7,4% (2000). Constitui um "grupo" cada vez maior com o qual as religiões têm que interagir e dialogar em nossa sociedade.

Terceiro, considerando o caráter global da estruturação de nossa vida coletiva atual, na qual estamos todos vinculados, interferindo e influenciando, mais ou menos, na vida uns dos outros. Nesse contexto, não se pode desconsiderar ou tratar como irrelevante o contato e a influência, positiva e/ou negativa, entre diferentes tradições religiosas. E independentemente dessas tradições se encontrarem no mesmo espaço geográfico. Tal contato e influência é um fato carregado de consequências simbólicas e práxicas no mundo atual. Basta ver as referências constantes nos movimentos ecossociais a tradições religiosas indígenas, africanas e orientais.

Quarto, considerando o caráter teologal das diversas tradições religiosas e mesmo das diversas culturas e da práxis humana em geral. Já a Declaração *Nostra Aetate*, do Concílio Vaticano II, sobre a relação da Igreja Católica com as religiões não cristãs, reconhece explicitamente que elas "refletem lampejos daquela Verdade que ilumina todos os homens", afirma que "a Igreja Católica nada rejeita do que há de verdadeiro e santo nestas religiões" e exorta os católicos a que "reconheçam, mantenham e desenvolvam os bens espirituais e morais, como também os valores socioculturais que entre eles se encontram" (NA, 2). Rejeitá-las ou negá-las sem mais é rejeitar e negar o Espírito de Deus que nelas atua.

Tudo isso mostra que a problemática do "diálogo" inter-religioso adquire uma importância cada vez maior em nossa sociedade, tornando-se uma necessidade e uma urgência social (configuração plural da vida coletiva) e um imperativo religioso (potencial salvífico-humanizador das diversas tradições religiosas).

A questão que se coloca, aqui, é *como* tornar isso real e efetivo, de modo a contribuir na construção de uma cultura de paz, isto é, como as religiões e a interação entre elas podem ser fermento e mediação de uma cultura de paz. Nesse sentido, convém recordar o critério e a medida de uma cultura de paz, acima indicados: os pobres, os oprimidos, os excluídos e os fracos. Eles constituem, senão *o* critério e *a* medida de autenticidade de todas as tradições religiosas, como é o caso da tradição judaico-cristã, ao menos *uma* de suas características ou marcas fundamentais e, consequentemente, devem constituir também o critério e a medida da interação e do diálogo entre elas. As religiões, em geral, são particularmente sensíveis às situações de sofrimento e injustiça, ao clamor dos pobres e oprimidos, e têm como uma de suas tarefas mais importantes o cuidado e a defesa dos pobres, oprimidos e fracos – ainda que nem sempre ajam de modo consequente com isso e, inclusive, contribuam, por omissão ou cumplicidade, para a manutenção de situações de pobreza, injustiça, opressão e exclusão. Não por acaso, elas desempenham um papel e uma função importantes no que diz respeito aos valores e ao modo de estruturação e regulamentação da vida individual e coletiva.

Por aqui podemos encontrar um caminho fecundo para tornar efetivas e eficazes as potencialidades das religiões e da interação entre elas para a construção de uma cultura de paz. Trata-se de algo que diz respeito à própria identidade das diversas tradições religiosas (seu potencial salvífico-humanizador) e que constitui, como vimos, a medida e o critério mesmos de uma cultura de paz (sua prova de fogo). É no cuidado e na defesa da vida dos pobres, oprimidos e fracos e na denúncia e no enfrentamento de tudo que ameaça e destrói suas vidas que as religiões e a interação entre elas se tornam

Diálogo inter-religioso por uma cultura de paz

caminho ou mediação para um cultura de paz, ao mesmo tempo que efetivam sua identidade mais profunda e radical. Na perspectiva de uma cultura de paz e a partir da identidade mais profunda e radical das diversas tradições religiosas, o macroecumenismo ou o "diálogo" inter-religioso está, portanto, intrinsecamente vinculado à vida e à sorte dos pobres, oprimidos e fracos deste mundo.

Pedro Casaldáliga formula isso muito bem. O texto é longo, mas vale a pena:

> Macroecumenismo é dialogar inter-religiosamente, porém sempre num compromisso social pelos excluídos. Eu não entenderia de jeito nenhum um diálogo inter-religioso se não o entendesse como compromisso sociopolítico e econômico, a serviço das maiorias excluídas que é a maior parte da família desse Deus da Vida que a gente quer proclamar. Fazer da fé no Deus da Vida um culto militante à vida, por amor à obra e ao sonho desse Deus. E dialogar com todas as religiões, não apenas com as chamadas "grandes", pois neste caso estaríamos nos distanciando da tradição evangélica, pois o Evangelho distingue-se por dialogar com o que é pequeno. Dialogar também com as pequenas religiões, com as religiões indígenas, com a religião do povo Tapirapé.[29]

Ou ainda:

> Parece-me elementar e fundamental destacar, sempre, no diálogo inter-religioso o conteúdo e o objetivo deste diálogo. Não se trata de colocar as religiões numa reunião para que discutam pacificamente sobre religião, ao redor de si mesmas, narcisicamente. O verdadeiro diálogo inter-religioso deve ter como conteúdo e como objetivo a causa de Deus que é a própria humanidade e o universo. Na humanidade a causa prioritária é a grande massa empobrecida e excluída; e no universo, a terra, a água e ar profanados.

E referindo-se à tese de Hans Küng de que "não haverá paz entre as nações se não houver paz entre as religiões, e que não haverá paz entre as religiões se não houver diálogo entre elas", afirma sem meias palavras: "É necessário agregar que este diálogo será inútil, hipócrita

---

[29] CASALDÁLIGA, Pedro. "O macroecumenismo e a proclamação do Deus da vida". Op. cit., 36.

e até blasfemo, se não está voltado para a Vida e para os pobres, sobre os direitos humanos, que são divinos também".[30]

E não se trata, aqui, de uma saída pela tangente, desviando o foco da questão explicitamente "religiosa" para questões sociais: já que não seria possível o diálogo sobre questões propriamente "religiosas", poderíamos ao menos trabalhar juntos pela vida, pela justiça e pela paz.

Primeiro, porque, como afirmam os bispos da América Latina na introdução das conclusões de Medellín, retomando o discurso de Paulo VI no encerramento do Concílio Vaticano II, quando "a Igreja latino-americana situou no centro de sua atenção o homem deste continente", ela "não se acha 'desviada', mas 'voltou-se para' o homem, consciente de que para 'conhecer Deus é necessário conhecer o homem'". De modo que cuidar da vida, particularmente da vida humana ameaçada, ferida, injustiçada não é algo externo nem secundário, mas algo que toca o núcleo mais íntimo das próprias tradições religiosas, no que têm de salvífico-humanizador.

Segundo, porque o que se poderia chamar de discurso mais propriamente religioso (concepções ou doutrinas religiosas), não é algo independente da práxis do grupo que formula e professa tal discurso. A linguagem, em geral, e as teorias/doutrinas, em particular, estão profundamente ligadas a uma dinâmica ou a um modo concreto de vida, no qual surgem e são desenvolvidas e elaboradas e ao qual remetem de alguma forma. Assim, por exemplo, a imagem de Deus de Jesus é inseparável de sua vida concreta. O Deus em quem Jesus crê, a quem ele entrega sua vida, manifesta-se no modo como ele vive: ao agir com bondade e com misericórdia para com os caídos à beira do caminho, revela um Deus bondoso e misericordioso; ao acolher pessoas consideradas impuras e pecadoras, revela um Deus que é perdão e gratuidade; ao socorrer as pessoas em suas necessidades e ao defender o direito dos pequenos e oprimidos, revela um Deus que é

---

[30] Idem. "Prólogo", in TOMITA, Luiza; BARROS, Marcelo; VIGIL, José Maria. *Pelos muitos caminhos de Deus*: desafios do pluralismo religioso à Teologia da Libertação. Goiás: Rede, 2003, 5-8, aqui 7.

Diálogo inter-religioso por uma cultura de paz

justiça; ao fazer sua as necessidades da humanidade sofredora, revela um Deus parcial e partidário dos pobres e oprimidos deste mundo. De modo que pensar e efetivar a interação e o diálogo entre as religiões a partir dos pobres, oprimidos e fracos, além de não ser um "desvio" da questão propriamente religiosa, ajuda a reformulá-la de modo mais consequente com seu potencial salvífico-humanizador e tornar efetiva e fecunda sua tarefa e contribuição na construção de uma cultura de paz. É o problema da correta e consequente articulação ortopráxis-ortodoxia.

É no cuidado e na defesa da vida dos pobres, oprimidos, excluídos e fracos que as religiões e a interação/diálogo entre elas, ao mesmo tempo em que contribuem na construção de uma cultura de paz, tornam reais e efetivos seu potencial e sua missão salvífico-humanizadores e podem reelaborar seu discurso/doutrina de modo cada vez mais consequente com essa potencialidade e missão salvífico-humanizadoras.

3. A modo de conclusão

A contribuição maior das religiões e da interação/diálogo entre elas para a construção de uma cultura de paz tem a ver, portanto, com sua particular sensibilidade para com as situações de pobreza, injustiça e sofrimento e com seu cuidado e ação em favor/defesa dos pobres, oprimidos e fracos – aquilo que a partir da Igreja latino-americana se convencionou chamar "opção pelos pobres". E tanto por se tratar de algo que diz respeito à identidade práxico-teórica mais profunda e radical das diversas tradições religiosas (seu potencial salvífico-humanizador) quanto por se tratar daquilo que constitui a medida e do critério mesmos de uma cultura de paz (sua prova de fogo).

A grande questão, aqui, é como tornar isso real e efetivo no contexto e nas situações que nos tocam viver. É o problema das mediações teóricas e práxicas que a opção pelos pobres exige, se não quisermos reduzi-la a um discurso vazio e ineficaz. Mas isso extrapola os limites e a pretensão deste trabalho.

Capítulo VI

Cristianismo numa sociedade plural
A propósito do livro de Boaventura de Sousa Santos, *Se Deus fosse um ativista dos direitos humanos*[1]

O tema desta reflexão é amplo e complexo. Pode ser desenvolvido em perspectivas e pontos de vista diversos ou até mesmo contrastantes e exige um tratamento que extrapola nossas pretensões e condições, bem como os limites de um texto como este. A explicitação destes limites logo no início do texto não se deve a nenhuma falsa modéstia nem quer ser um mecanismo sutil de autodefesa e blindagem contra possíveis e razoáveis críticas que possam ser feitas à nossa abordagem. Deve-se, antes, a uma questão de honestidade intelectual

---
[1] Publicado na Revista *Horizonte* 40 (2015) 2268-2291.

que diz respeito tanto à consciência dos limites da abordagem que faremos quanto à necessidade de sua ampliação, complementação ou mesmo correção.

Começaremos esboçando a problemática do cristianismo numa sociedade plural (I); desenvolveremos o tema nos termos da relação entre religião e dignidade humana, tal como aparece no livro de Boaventura de Sousa Santos, indicado no subtítulo deste artigo (II); e concluiremos mostrando que a problemática da afirmação e defesa da dignidade humana constitui o núcleo da experiência cristã de Deus (III).

1. A problemática do cristianismo numa sociedade plural

Tornou-se comum nas últimas décadas falar de "crise de civilização", "crise epocal", "crise de paradigma" ou "mudança de época" como característica fundamental de nosso tempo. Embora os enfoques e as análises e descrições dessa crise e/ou mudança sejam diversos, coincidem na constatação de que vivemos um momento novo na história da humanidade ou, em todo caso, na história do Ocidente.

Dentre as características que comumente se atribuem a esse momento novo da nossa história, ganha destaque o caráter plural de nossas sociedades. Vivemos em sociedades profundamente diversas e plurais: plurais do ponto de vista dos interesses econômicos, políticos, culturais, ambientais, de gênero, étnico-raciais; plurais do ponto de vista do comportamento e da ação morais; plurais do ponto de vista dos valores e dos critérios que orientam e regulam a ação das pessoas e a organização da sociedade; plurais do ponto de vista da orientação sexual e da configuração familiar; plurais do ponto de vista religioso etc.

Neste contexto, é inevitável a pergunta pela importância, pelo lugar e pela missão que as tradições religiosas, concretamente o cristianismo, têm ou podem ter em uma sociedade plural. Pergunta necessária e urgente, tanto para as tradições religiosas (em vista de sua afirmação e de seu desenvolvimento em uma sociedade plural) quanto para o conjunto da sociedade (dado o crescimento da presença e intervenção de grupos religiosos na vida pública). Essa pergunta pode ser respondida de muitas formas. Em tempos passados, chegou-se a decretar a "morte de deus" e o "fim da religião". A explosão de movimentos religiosos nas últimas décadas no mundo inteiro, reivindicando inclusive participação ativa na vida pública, por mais complexa e ambígua que seja, entretanto, parece contestar estes decretos ou estas teses e abrir espaço para uma interação e um diálogo crítico-criativos das tradições religiosas com o conjunto da sociedade.

Grosso modo, podemos identificar entre nós duas formas fundamentais de compreensão e efetivação positivas dessa interação e desse diálogo: uma de caráter mais teórico-linguístico (diálogo), que tem em Jürgen Habermas[2] uma de suas principais referências; outra de caráter mais práxico (interação), desenvolvida pelas teologias da libertação e mais recentemente pelo sociólogo Boaventura de Sousa Santos.[3]

No primeiro caso, reconhece-se a importância e a contribuição das tradições religiosas, particularmente no contexto de uma "sociedade pós-secular".[4] Antes de tudo, no que diz respeito ao "aspecto

---

[2] Cf. HABERMAS, Jürgen; RATZINGER, Joseph. *Dialética da secularização*: sobre razão e religião. Aparecida: Ideias & Letras, 2007; ARAÚJO, Luiz Bernardo Leite. *Religião e modernidade em Habermas*. São Paulo: Loyola, 1996; CUNICO, Geraldo. "Jürgen Habermas (1929-). A religião além dos limites da razão comunicativa". In: PENZO, Giorgio; GIBELINI, Rosino. *Deus na filosofia do século XX*. São Paulo: Loyola, 1998, 507-519; OLIVEIRA, Manfredo Araújo de. "A presença da religião no novo contexto societário". In: *A religião na sociedade urbana e pluralista*. São Paulo: Paulus, 61-108, aqui 80-99.

[3] Cf. SANTOS, Boaventura de Sousa. *Se Deus fosse um ativista dos direitos humanos*. São Paulo: Cortez, 2014.

[4] A expressão "pós-secular" diz respeito tanto ao "reconhecimento público pela contribuição funcional que [as comunidades religiosas] prestam à reprodução de motivos e atitudes", quanto à "convicção normativa" de que a "modernização da consciência pública" afeta "tanto as mentalidades religiosas quanto as seculares, modificando-as de forma reflexiva". De modo que "ambos os lados estarão em condições de levar a sério em público, por razões cognitivas, as respectivas contribuições para temas controversos" (HABERMAS, Jürgen; RATZINGER, Joseph. Op. cit., 52). "A neutralidade ideológica do poder do Estado que garante as mesmas liberdades éticas a todos os cidadãos é incompatível com a generalização política de uma visão de mundo secularizada" (ibidem, 57).

motivacional".[5] Mas também no que diz respeito ao seu "conteúdo",[6] desde que ele seja traduzido numa linguagem ou num "discurso secular". Partindo de uma "diferenciação"[7] e mesmo de uma suposta "assimetria das pretensões epistêmicas"[8] entre o "discurso religioso" e o "discurso secular", impõe-se, aqui, o desafio de uma tradução ou "transposição"[9] secular dos conteúdos religiosos ou de uma "apropriação de conteúdos genuinamente cristãos pela filosofia",[10] tal como se deu, por exemplo, com "a transformação da condição de similaridade com Deus do ser humano em dignidade igual e incondicional de todos os seres humanos".[11] Mas, não obstante o valor e a contribuição dessa posição, haveria que discutir, aqui, tanto a pretensa superioridade epistêmica e universalidade do "discurso secular" (elitismo!?) quanto a pretensa radicalidade da linguagem ou do discurso na vida humana (idealismo!?).[12]

No segundo caso, a importância e a contribuição de tradições e movimentos religiosos dizem respeito à sua intervenção concreta em favor da dignidade humana. Em geral, eles têm um potencial ético-espiritual profundamente humanizador, não obstante todos os riscos de fundamentalismo e intolerância e de instrumentalização ideológica. Diferentemente da postura anterior, o desafio fundamental, aqui, não é de ordem teórico-linguística (tradução ou transposição), mas de ordem práxica (intervenção ou interação). E no que se refere à questão específica da linguagem ou do discurso, tampouco se afirma aqui uma superioridade epistêmica do "discurso secular" sobre o "discurso religioso", nem vice-versa. Pelo contrário. Reconhecendo

---

[5] Cf. ibidem, 24s, 33-39, 51.
[6] Cf. ibidem, 49s.
[7] Ibidem, 47.
[8] Ibidem, 49.
[9] Cf. ibidem, 50.
[10] Ibidem, 49.
[11] Ibidem, 50.
[12] Para um esboço de crítica à postura habermasiana, cf. GONZÁLEZ, Antonio. "Orden mundial y liberación". *Estudios Centroamaricanos* 549 (1994) 629-652, aqui 638-639; idem. *Um solo mundo. La relevancia de Zubiri para la teoria social*. In: www.bubok.es, 40-44.

as "limitações" dos muitos discursos ou linguagens, Boaventura de Sousa Santos abre espaço e aponta para uma "ecologia de saberes", isto é, "um exercício epistemológico baseado na incompletude de qualquer tipo de conhecimento humano e destinado a identificar conhecimentos distintos e critérios de rigor e validade que operam credivelmente nas práticas sociais de modo a desenvolver interações criativas entre eles".[13]

E é nas trilhas abertas e desenvolvidas pelas muitas teologias da libertação vinculadas a muitos processos de libertação e, mais recentemente, formuladas e propostas por Boaventura de Sousa Santos, que nos confrontaremos com a problemática do cristianismo numa sociedade plural. Num primeiro momento, mostrando como tradições e movimentos religiosos são (ou podem ser) um lugar privilegiado de afirmação e defesa da dignidade humana e como as teologias, mais ou menos explícitas e elaboradas, que os sustentam constituem uma "gramática de defesa da dignidade humana".[14] Num segundo momento, mostrando como a afirmação e a defesa da dignidade humana constituem o núcleo da experiência cristã de Deus.

2. Religião e dignidade humana

Conforme indicado antes, tomaremos como referência, aqui, o livro de Boaventura de Sousa Santos, *Se Deus fosse um ativista dos direitos humanos*.[15] Mas não vamos fazer uma apresentação global e crítica da obra. Isso é tarefa para recensão.[16] Consideraremos apenas sua tese fundamental que, por razões didáticas, pode ser formulada em quatro pontos coerentemente articulados: A) "a ideologia

---

[13] SANTOS, Boaventura de Sousa. Op. cit., 107.
[14] Ibidem, 29.
[15] A partir de agora, os números entre parênteses, sem outra indicação, remetem a páginas desta obra.
[16] Cf. NOGOSEKE, Elisabet; CASTAMAN, Terezinha. *Pistis & Praxis*, v. 6, n. 3 (2014) 1097-1104; TOLDY, Tereza Martinho. *Revista Crítica de Ciências Sociais*, 103 (2014). Disponível em: <http://rccs.revues.org/5586>.

da autonomia e do individualismo possessivos é hoje contrariada por duas políticas normativas principais que [...] procuram operar globalmente: os *direitos humanos* e as *teologias políticas*" (11); B) os movimentos religiosos/teológicos pluralistas e progressistas "podem ser uma fonte de energia radical para as lutas contra-hegemônicas dos direitos humanos" (12); C) esses movimentos "constituem uma gramática de defesa da dignidade humana que rivaliza com a que subjaz aos direitos humanos e muitas vezes a contradiz" (29); D) essa rivalidade ou contradição abre "a possibilidade de novas relações e diálogos entre [concepções alternativas de dignidade humana]", mediante uma "ecologia de saberes" que tem como objetivo "ampliar a legitimidade intelectual e cultural das lutas pela dignidade humana" (107). Sua pretensão última, como explicita no prefácio da obra, é "realizar um exercício de tradução intercultural entre estas duas políticas normativas, procurando zonas de contato para tradução entre elas donde possam emergir energias novas ou renovadas para a transformação social radical progressista" (12).

Estas reflexões nasceram da observação e constatação no Fórum Social Mundial, que se vem realizando desde 2001, de "como os ativistas da luta por justiça socioeconômica, histórica, sexual, racial, cultural e pós-colonial baseiam frequentemente o seu ativismo e as suas reivindicações em crenças religiosas ou espiritualidades cristãs, islâmicas, judaicas, hindus, budistas e indígenas" (12). Estas "subjetividades políticas", diz ele, "combinam efervescência criativa e energia apaixonada e intensa com referências transcendentes ou espirituais que, longe de as afastarem das lutas materiais e bem terrenas por um outro mundo possível, mais profundamente as comprometem com estas" (13). Daí seu propósito ao escrever este livro: "dar conta destas subjetividades e destas lutas para as fortalecer e, afinal, também para dar sentido às minhas vivências com umas e outras" (13).

Para isso, A) começa identificando "a fragilidade dos direitos humanos enquanto gramática da dignidade humana e os desafios que a emergência das teologias políticas lhes coloca no início do século 21";

B) distingue "diferentes tipos de teologias políticas" e de "discursos e práticas contrastantes de direitos humanos" e seleciona "os tipos de reflexão e prática que podem contribuir para expandir e aprofundar o cânone das políticas de direitos humanos"; e C) conclui defendendo que "as teologias pluralistas e progressistas podem ser uma fonte de energia radical para as lutas contra-hegemônicas dos direitos humanos" (12, 145). Noutras palavras, parte da hegemonia e fragilidade dos direitos humanos, enquanto gramática da dignidade humana; confronta-se com a globalização e a complexidade das teologias políticas; e aponta para uma "concepção pós-secularista dos direitos humanos" ou para uma "ecologia de concepções da dignidade humana".

Hegemonia e fragilidade dos direitos humanos

Boaventura de Sousa Santos começa sua reflexão com uma afirmação desconcertante que aparece já no título da introdução da obra – "Direitos humanos: uma hegemonia fraca" (15): "A hegemonia dos direitos humanos como linguagem de dignidade humana é hoje incontestável. No entanto, [...] a grande maioria da população mundial não é sujeito de direitos humanos. É objeto de discursos de direitos humanos" (15). Essa situação leva-nos a questionar "se os direitos humanos servem eficazmente à luta dos excluídos, dos explorados e discriminados ou se, pelo contrário, a torna mais difícil" (15); e, em todo caso, "mesmo sendo parte da mesma hegemonia que consolida e legitima sua opressão", se eles poderão "ser usados de modo contra-hegemônico" (16). O enfrentamento dessas questões acaba levantando outras tantas questões que, em conjunto, revelam a complexidade da problemática e o modo como o autor lida com ela: "Por que há tanto sofrimento injusto que não é considerado uma violação dos direitos humanos? Que outras linguagens da dignidade humana existem no mundo? E, se existem, são ou não compatíveis com a linguagem dos direitos humanos?" (16).

"A busca de uma concepção contra-hegemônica dos direitos humanos deve começar por uma hermenêutica da suspeita em relação aos direitos humanos tal como são convencionalmente entendidos e defendidos, isto é, em relação às concepções dos direitos humanos mais diretamente vinculadas à matriz liberal e ocidental destes" (16). Neste sentido, é preciso começar reconhecendo que "os direitos e o direito têm uma genealogia dupla na modernidade ocidental" (16). Por um lado, uma "genealogia abissal" que dividiu o mundo entre "sociedades metropolitanas e colônias" e em que "os direitos humanos foram historicamente concebidos para vigorar apenas [...] nas sociedades metropolitanas" (17). Por outro lado, uma "genealogia revolucionária", ligada ao "individualismo burguês" e à "sociedade burguesa" emergente que se consolida com as revoluções americana e francesa e que articula direito-liberalismo-capitalismo (17) – base da "hegemonia" e do "consenso" de que gozam os direitos humanos em nossas sociedades (17s).

"Hegemonia" e "consenso" que se assentam em "ilusões" que "constituem o senso comum dos direitos humanos convencionais" (18). O autor distingue e apresenta quatro destas ilusões. Em primeiro lugar, a "ilusão teleológica", que "consiste em ler a história da frente para trás", absolutizando o presente e tratando "ações de opressão e dominação" como "ações emancipatórias e libertadoras" (18). Em segundo lugar, a "ilusão triunfalista", segundo a qual "a vitória dos direitos humanos é um bem humano incondicional" e "todas as outras gramáticas da dignidade humana [...] eram inerentemente inferiores em termos éticos e políticos", sem considerar o fato decisivo da complementação da "força das ideias" com a "força bruta das armas" (19). Em terceiro lugar, a ilusão da "descontextualização" que silencia ou ofusca o fato de que, desde suas origens até os nossos dias, "os direitos humanos foram usados como discurso e como arma política, em contextos muito distintos e com objetivos contraditórios" – revoluções burguesas, invasões, discursos e práticas contrarrevolucionárias (20s). Em quarto lugar, a ilusão monolitista, que "consiste em negar ou minimizar as tensões e até mesmo as contradições internas das teorias dos direitos humanos" (22): "direitos do homem e do cidadão" (22), "direitos individuais e coletivos" (23).

"Ter presente estas ilusões é crucial para construir uma concepção e uma prática contra-hegemônica de direitos humanos, sobretudo quando elas devem assentar num diálogo com outras concepções de dignidade humana e outras práticas em sua defesa" (26). Parte-se, aqui, da constatação de que "a compreensão do mundo excede em muito a compreensão ocidental do mundo e, portanto, a compreensão ocidental da universalidade dos direitos humanos" (28). E isso se pode comprovar em vários "movimentos de resistência contra a opressão, marginalização e exclusão que têm vindo a emergir nas últimas décadas e cujas bases ideológicas pouco ou nada têm a ver com as referências culturais e políticas ocidentais dominantes ao longo século XX", como é o caso dos "movimentos indígenas" na América Latina, dos "movimentos de camponeses na África e na Ásia" e da "insurgência islâmica", dentre outros (28s). Estes movimentos estão "enraizados em identidades históricas multisseculares, incluindo muitas vezes a militância religiosa"; eles "comungam do fato de provirem de referências políticas não ocidentais e de se constituírem como resistência ao domínio ocidental" (29).

Neste livro, Boaventura de Sousa Santos se concentra "nos desafios aos direitos humanos quando confrontados com os movimentos que reivindicam a presença da religião na esfera pública". Estes movimentos "constituem uma gramática de defesa da dignidade humana que rivaliza com a que subjaz aos direitos humanos e muitas vezes a contradiz" (29).

Globalização e complexidade das teologias políticas

Junto à constatação da hegemonia e fragilidade dos direitos humanos como gramática da dignidade humana, está a constatação da presença global e complexa de movimentos religiosos com suas teologias políticas na vida pública: "A reivindicação da religião como elemento constitutivo da vida pública é um fenômeno que tem ganhado relevância nas últimas décadas em todo o mundo", constituindo-se, inclusive, como "fenômeno global" (31). Trata-se de um fenômeno extremamente complexo e num duplo sentido. Da parte dos movimentos religiosos, ele se constitui como "um fenômeno multifacetado, tanto no que respeita às denominações envolvidas como no tocante às orientações políticas e culturais" (31). No que diz respeito ao seu caráter global, é preciso reconhecer que "a globalização não é um fenômeno monolítico e que as relações transacionais são uma teia de duas globalizações opostas que por vezes seguem paralelas e por vezes se interceptam" (31): "globalização hegemônica neoliberal" x "globalização contra-hegemônica ou globalização a partir de baixo" (32-36),[17] distinção extremamente importante na consideração do processo de "globalização das teologias políticas" (31).

Para Boaventura de Sousa Santos, embora se trate de "um fenômeno que tem assumido uma importância crescente nas últimas décadas", como no caso dos "processos de globalização" em curso, "não estamos perante um fenômeno novo" (36). Basta recordar o papel desempenhado pelo catolicismo e pelo Islã nos processos de conquista e colonização no Ocidente e no Oriente. "É novo apenas na medida em que ocorre depois de séculos de dominação colonial e neocolonial, e de imposição global do paradigma cultural e político da modernidade ocidental" (36). No que diz respeito à questão do "papel da religião na sociedade" (36), este paradigma está estruturado a partir da "distinção entre o espaço público e o espaço privado" e do "confinamento da religião" no espaço privado (37). E isso que se apresenta "hoje" como "um elemento central do imaginário político ocidental, tanto no plano da regulação social como no da emancipação social", dá-se de modo bem concreto "com os direitos naturais do século XVII e com seus sucessores: constitucionalismo moderno e Declaração de Direitos Humanos das Nações Unidas" (37).

É precisamente essa "resolução ocidental da questão religiosa" que vem sendo posta em questão por parte de movimentos religiosos,

---

[17] Para uma visão mais ampla de sua compreensão acerca do fenômeno da globalização, cf. SANTOS, Boaventura de Sousa. *A globalização e as ciências sociais*. São Paulo: Cortez, 2001, 25-102.

com suas teologias políticas que reivindicam "o papel da religião na vida pública" (36). Por "teologias políticas", o autor entende "os diferentes modos de conceber a intervenção da religião, como mensagem divina, na organização social e política da sociedade" (38); "de modo mais ou menos radical, todas as teologias políticas questionam a distinção moderna entre o público e o privado e reivindicam a intervenção da religião na esfera pública" (39).

Mas dito isso, é necessário chamar atenção para a diversidade de teologias políticas, com as diferenças, tensões e mesmo oposições que as caracterizam. Diversidade que se dá no interior das mais diversas tradições religiosas, particularmente nas tradições monoteístas (39s). Neste contexto, o autor faz uma dupla "classificação" das teologias políticas, não obstante os limites e os riscos de toda classificação.

"Quanto ao âmbito da intervenção da religião na esfera pública, devemos fazer uma *distinção entre teologias pluralistas e fundamentalistas*" (40). Enquanto para as teologias fundamentalistas "a revelação é concebida como o princípio estruturante da sociedade em todas as suas dimensões" e "está normalmente ligada ao escriturismo", as teologias pluralistas "concebem a revelação como um contributo para a vida pública e a organização política da sociedade, mas aceitam a autonomia de ambas", buscando um "equilíbrio" entre razão e revelação. Distinguem-se, pois, tanto na "relação entre razão e revelação" quanto na "relação entre revelação e história" (42).

"No tocante ao critério ou à orientação da intervenção religiosa, podemos distinguir entre *teologias tradicionalistas e progressistas*" (47). Enquanto as teologias tradicionalistas "intervêm na sociedade política defendendo como melhor solução para o presente as regulações sociais e políticas do passado", subordinando "a autoridade política à autoridade religiosa" (47) e recusando "a distinção entre a religião dos oprimidos e a religião dos opressores" (48), as teologias progressistas "fundam-se na distinção entre a religião dos oprimidos e a religião dos opressores e criticam severamente a religião institucional como sendo a religião dos opressores" (48).

"A distinção entre diferentes tipos de teologia [...] permite ver que as relações entre os fenômenos religiosos emergentes, as formas de globalização e os direitos humanos não são unívocas ou monolíticas". Embora, "no tocante à globalização, todas as teologias políticas sejam não hegemônicas, uma vez que são marginais", apenas "as teologias pluralistas progressistas contêm um forte potencial contra-hegemônico" (53): "Ao reconhecer a relativa autonomia do espaço secular e ao fazer um julgamento crítico das injustiças que nele ocorrem, a religião dos oprimidos pode ser uma fonte de articulação entre os movimentos religiosos e seculares que lutam por uma sociedade mais justa e mais digna" (53s).

Em todo caso, "A emergência das teologias políticas gera novas zonas de contato entre concepções rivais de ordem social e transformação social com as novas formas de turbulência política, cultural e ideológica daí derivantes" (91), lançando "uma nova luz sobre os limites da política dos direitos humanos a uma escala global" (82). Essas "turbulências" (princípios rivais, raízes x opções, religioso x secular) normalmente "refletem diferentes dimensões da injustiça global constitutiva da ordem imperial na sua fase mais recente: injustiça socioeconômica, injustiça cognitiva (incluindo a injustiça epistêmica, sexual, racial e religiosa) e injustiça histórica" (104).

Aqui nos interessa destacar apenas a "turbulência" entre "o religioso e o secular" (98-102) como expressão de "injustiça religiosa" (104), indicando "a fraqueza da resposta dos direitos humanos neste domínio" e, sobretudo, apontando para uma concepção e uma prática contra-hegemônicas dos direitos humanos (107).

"Para uma concepção pós-secularista dos direitos humanos"

A emergência de teologias políticas pluralistas progressistas no cenário global, com sua reivindicação de intervenção na organização social e política da sociedade, abre espaço e aponta para uma concepção e uma prática "contra-hegemônicas" e "pós-secularistas" de direitos humanos, seja por seu potencial contra-hegemônico humanizador e libertador, seja por seu potencial crítico-profético ante a concepção hegemônica de direitos humanos.

Quando fala de "direitos humanos contra-hegemônicos", Boaventura de Sousa Santos se refere às "lutas contra o sofrimento humano injusto, concebido no sentido mais amplo e abrangendo a natureza como parte integrante da humanidade" (111). Ora, as teologias pluralistas progressistas estão vinculadas a "práticas religiosas baseadas na comunidade, para as quais Deus se revela no sofrimento humano injusto, nas experiências de vida de todas as vítimas de dominação, opressão ou discriminação e nas lutas de resistência que elas promovem". A tal ponto que "prestar testemunho a este Deus significa denunciar este sofrimento e lutar contra ele". E, aqui, precisamente, "reside a possibilidade de ligar o retorno de Deus a um humanismo transmoderno concreto". Para ele, "um diálogo entre os direitos humanos e as teologias progressistas não só é possível como é provavelmente um bom caminho para desenvolver práticas verdadeiramente interculturais e mais eficazmente emancipadoras". Esse diálogo proporcionará um "autoenriquecimento mútuo", aprofundando o "potencial emancipador de ambos". E terá como resultado "uma ecologia de concepções da dignidade humana, algumas seculares, outras religiosas", produto de uma "hermenêutica diatópica", isto é, "um exercício de interpretação transformadora, orientada para a prática social e política, entre os *topoi* dos direitos humanos e os *topoi* das teologias políticas progressistas" (113).

Em seguida, passa a indicar algumas das contribuições que as teologias pluralistas progressistas, particularmente as teologias da libertação, oferecem para uma ampliação da compreensão e prática dos direitos humanos, no contexto de uma "ecologia de concepções de dignidade humana":

a) "Podem ajudar a recuperar a 'humanidade' dos direitos humanos", afirmando o "sujeito humano simultaneamente enquanto indivíduo concreto e ser coletivo" (113) ante a teorias, conservadoras ou progressistas, que levam a "desacreditar a resistência individual e coletiva contra a injustiça e a opressão" (114).

b) Estão atentas e ligadas às "múltiplas dimensões do sofrimento humano injusto" (115) e, por isso, "diferem de acordo com o povo, grupo social ou tipo de sofrimento específico que privilegiam": desigualdade social, discriminação sexual contra as mulheres, racismo (indígenas, chicanos, negros), discriminação étnica e religiosa (judeus, palestinos, cristãos coreanos, *dalits* indianos) etc. (116-124).

c) "Acesso denso, direto e intenso à carne em sofrimento" (125) sem despolitizá-lo (126), ou seja, articulação "entre a ligação visceral de um gesto assistencial, de um cuidado incondicional, e a luta política contra as causas do sofrimento como parte da tarefa inacabada da divindade" (127).

d) "Uma vontade radical insurgente e um horizonte pós-capitalista" (127), "razão pela qual as mobilizações religiosas que no nosso tempo reclamam a esfera pública são sustentadas por uma espécie de radicalismo que não encontramos na maioria dos movimentos sociais" (128), vivido na luta "contra o poder, a injustiça e a opressão, quer ocorra na esfera pública ou privada, e independentemente das suas causas, incluindo as religiosas" (128).

e) "Impulso para a interculturalidade nas lutas pela dignidade humana" (129), como testemunham os diálogos ecumênicos e inter-religiosos (130) e, sobretudo, os processos históricos tenso-criativos em que as religiões ocuparam "as zonas de contato entre diferentes culturas e formas de saber, fronteiras, encruzilhadas [...]", antecipando "o estádio intermédio, o *estar-entre* epistemológico sem o qual os intercâmbios interculturais não poderiam ser bem-sucedidos" (132).

f) "Pela sua insistência na narrativa concreta do sofrimento das vítimas e da sua luta contra os opressores, as teologias políticas progressistas podem contribuir para tornar o sofrimento injusto numa presença intolerável que desumaniza tanto as vítimas quanto os opressores, quanto ainda aqueles que, não se sentindo nem vítimas nem opressores, veem no sofrimento injusto um problema que não lhes diz respeito" (135s).

g) Para além da contribuição nos processos de "interpretação, produção e partilha de significados" (136), são particularmente sensíveis à "presença" que "precede" e extrapola o "significado" (136). "A presentificação do passado ou do outro por meio de ritos, rituais e sacramentos [...] desempenha um papel central na experiência religiosa" (138), gerando um "sentido intensificado de partilha e presença que, se for colocado ao serviço das lutas de resistência e libertação da opressão, pode contribuir para fortalecer e radicalizar a vontade de transformação social" (139), como se pode verificar naquilo que no MST se costuma chamar "mística" (138);

h) "Possibilidade de libertar uma nova energia na sociedade, injetando nas lutas sociais a força motivadora contida na espiritualidade", capaz de fazer muitos ativistas de direitos humanos pagarem "com as suas vidas o empenho que puseram nas lutas pela justiça social", como comprovam o martírio de Martin Luther King, de Oscar Romero e de "tantos crentes anônimos cujos sacrifícios nunca chegam às notícias" (142).

Em síntese, não obstante seus limites e seus riscos, as teologias pluralistas progressistas podem, a partir de sua experiência espiritual, alargar enormemente o horizonte de compreensão e prática da dignidade humana. E de muitas formas: afirmando o "sujeito humano" individual-coletivo, estando atentas às "múltiplas dimensões do sofrimento humano injusto", mantendo uma "ligação visceral" com o sofrimento sem despolitizá-lo, radicalizando a luta contra toda forma de injustiça e opressão, impulsionando a "interculturalidade nas lutas pela dignidade humana", narrando o sofrimento das vítimas e sua luta por libertação, insistindo no primado e na força da "presença" sobre a "interpretação" e cultivando "a espiritualidade das/nas lutas materiais pela transformação social".

O autor conclui a obra reafirmando que "as teologias pluralistas e progressistas podem funcionar como uma fonte de energia radical para as lutas contra-hegemônicas dos direitos humanos" (145) e explicitando o sentido metafórico do título do livro: "Na lógica deste livro, se Deus fosse um ativista dos direitos humanos, Ele ou Ela estariam definitivamente em busca de uma concepção contra-hegemônica dos direitos humanos e de uma prática coerente com ela. Ao fazê-lo, mais tarde ou mais cedo este Deus confrontaria o Deus invocado pelos opressores e não encontraria nenhuma afinidade com Este ou Esta. Por outras palavras, Ele ou Ela chegariam à conclusão de que o Deus dos subalternos não pode deixar de ser um Deus subalterno" (148).[18]

No contexto específico de nossa reflexão acerca do cristianismo numa sociedade plural, Boaventura de Sousa Santos aponta para o potencial humanizador e libertador das religiões, pelo menos na forma como têm sido vividas e pensadas pelos movimentos e teologias da libertação. Nesta perspectiva, a cristianismo deve ser vivido e pensado de modo "contra-hegemônico" ou "a partir de baixo" (32), em interação e diálogo com os mais diversos movimentos de libertação, alargando e aprofundando a compreensão e a prática da dignidade humana. Tudo isso no contexto do que ele denomina "uma ecologia de concepções de dignidade humana" (113).

---

[18] O autor tira, aqui, uma conclusão bastante discutível não só do ponto de vista religioso e histórico, mas também do ponto de vista lógico: "Um Deus monoteísta apelando ao politeísmo como condição para que a invocação de Deus nas lutas sociais e políticas por uma transformação social progressista não tenha efeitos perversos. A ideia de um Deus subalterno será a de que apenas o politeísmo permite uma resposta inequívoca a esta questão crucial: de que lado estás?" (148). A própria abordagem que o autor faz das teologias pluralistas progressivas, particularmente as teologias da libertação, demonstra a problematicidade e inconsistência dessa afirmação. Sem falar que o monoteísmo cristão é, se se pode falar assim, um monoteísmo pluralista (!?) tanto na forma de nomear Deus (Pai, Filho, Espírito Santo) quanto na forma de se relacionar com Ele (processos históricos de libertação).

3. Dignidade humana e cristianismo

No item anterior, vimos com Boaventura de Sousa Santos como as religiões em geral podem e muitas vezes se constituem como "uma fonte de energia radical para as lutas contra-hegemônicas dos direitos humanos" (144). Esta não é uma afirmação gratuita e abstrata nem muito menos ingênua. É uma afirmação que nasce da observação e do contato com militantes e movimentos religiosos comprometidos com as mais diversas lutas por justiça no mundo (cf. 12s). O autor sabe que esses militantes e movimentos representam uma parcela minoritária e muitas vezes perseguida no interior de suas próprias tradições ou organizações religiosas; mas capta muito bem seu potencial "contra-hegemônico" na sociedade e sua contribuição para a ampliação da compreensão e prática da dignidade humana, no contexto de uma "ecologia de concepções da dignidade humana" (113).

As religiões são consideradas, aqui, portanto, a partir e em vista da afirmação da dignidade humana, isto é, das "lutas contra o sofrimento humano injusto" (111). Daí o "critério de base" usado pelo autor na consideração de pessoas e práticas religiosas: "De que lado estão? Do lado dos opressores ou do lado dos oprimidos? Do lado do fundamentalismo ou do lado do pluralismo? Do lado do tradicionalismo reacionário ou do lado da transformação social progressista?" (146).

Alguém poderia reagir contra essa abordagem, acusando-a de reducionista e instrumentalizadora, como se as religiões e as práticas religiosas fossem reduzidas à sua dimensão ou ao seu potencial ético e fossem instrumentalizadas ou manipuladas em vista de certos interesses sociais. Um tipo de abordagem que comprometeria a integralidade das tradições e práticas religiosas ou, pior ainda, que terminaria por negar aquilo que lhes é mais próprio ou específico, formulado ou designado comumente em expressões como "espiritual", "religioso", "transcendente" etc.

E tal suspeita ou crítica não seria completamente absurda e descabida. Curiosa e surpreendentemente, entretanto, a abordagem de

Boaventura de Sousa Santos extrapola o nível da pura constatação e da instrumentalização, tocando no núcleo mesmo da experiência religiosa, particularmente nas tradições monoteístas. Não apenas constata a participação de muitos crentes e movimentos religiosos nas lutas por justiça e seu potencial contra-hegemônico, mas percebe e mostra como esses crentes e movimentos baseiam esta participação em "crenças religiosas ou espiritualidades cristãs, islâmicas, judaicas, hindus, budistas e indígenas" (12), isto é, em "referências transcendentes e espirituais" (13). Para estes crentes e movimentos, "Deus se revela no sofrimento humano injusto, nas experiências de vida de todas as vítimas de dominação, opressão ou discriminação e nas lutas de resistência que elas promovem. Como consequência, prestar culto a esse Deus significa denunciar este sofrimento e lutar contra ele" (112s); "Deus está envolvido na história dos povos oprimidos e nas suas lutas de libertação" (115). De modo que tratar as religiões a partir e em vista da dignidade humana é tratá-las a partir daquilo que constitui o núcleo mesmo da experiência religiosa ou, em todo caso, uma de suas características fundamentais.

Se isso vale de alguma forma para todos os movimentos e tradições religiosas, vale, de modo muito particular, para a tradição judaico-cristã.[19] A experiência de Deus, aqui, está de tal modo vinculada aos pobres e oprimidos e seus processos de libertação que se pode afirmar que a problemática do direito dos pobres ou da prática da justiça constitui "o grande tema bíblico"[20] ou o "fio que perpassa,

---

[19] Cf. SIVATTE, Rafael. *Dios camina con los pobres*. Introducción al Antiguo y Nuevo Testamento. San Salvador: UCA, 1997; PIXLEY, Jorge. *A história de Israel a partir dos pobres*. Petrópolis: Vozes, 2002; SCHWANTES, Milton. *História de Israel*: local e origens. São Leopoldo: Oikos, 2008; idem. *Breve história de Israel*. São Leopoldo: Oikos, 2008; LOHFINK, Norbert. *Hinos dos pobres*: o *Magnificat*, os *Hodayot* de *Qumran* e alguns Salmos tardios. São Paulo: Loyola, 2001; TAMEZ, Elsa. *Contra toda condenação*: a justificação pela fé partindo dos excluídos. São Paulo: Paulus, 1995.

[20] BOFF, Leonardo. "Os direitos dos pobres como direitos de Deus". In: idem. *Do lugar do pobre*. Petrópolis: Vozes, 63-77, aqui 72; cf. SCHWANTES. Milton. *O direito dos pobres*. São Leopoldo: Oikos; São Bernardo do Campo: Editeo, 2013.

articula e costura as muitas páginas da Bíblia".[21] Não por acaso, Deus é experimentado e nomeado na Escritura como o Deus dos pobres e oprimidos (Ex 3,7-9; Dt 10,18; Jd 9,11; Sl 145; Pr 22,22s; Lc 1,46-55 etc.); não por acaso, o direito dos pobres e oprimidos aparece na Escritura como direito de Deus (Pr 14,31; 17,5 etc.); não por acaso, a fidelidade a Deus passa pela observância e defesa do direito dos pobres e oprimidos (Dt 10,19; Jr 22,3.16; Jó 31,13-15; Lc 10,25-37 etc.); não por acaso, as expectativas messiânicas estão ligadas ao direito dos pobres e oprimidos (Sl 72; Is 11,1-9; 61,1 etc.); e não por acaso, o messianismo de Jesus, a Boa Notícia do reinado de Deus, tem a ver fundamentalmente com a justiça aos pobres e oprimidos (Lc 4,17-21; 5,31s; 6,20-23; 7,21-23; Mt 25,31-46 etc.).[22]

A afirmação e defesa da dignidade humana ou mais concretamente do direito dos pobres e oprimidos constituem, portanto, o núcleo da experiência judaico-cristã de Deus. É o que há de mais religioso, sagrado, espiritual, transcendente etc. Jesus resume toda a Lei no amor a Deus e ao próximo (Mt 22,34-40) ou simplesmente no amor ao próximo (Jo 15,12) que, segundo a Escritura, constitui o critério de amor a Deus (1Jo 4,20), a condição e o critério para herdar a vida eterna (Lc 10,25-37) ou para participar do banquete escatológico (cf. Mt 25,31-46).

João apresenta de modo extremamente desconcertante e fantástico a experiência cristã de Deus ou a fé cristã: "Compreendemos o que é o amor porque Jesus deu a sua vida por nós; portanto, nós também devemos dar a vida pelos irmãos" (1Jo 3,16); "amados, se Deus nos amou a tal ponto, também nós devemos amar-nos uns aos outros" (1Jo 4,11). Talvez o mais lógico fosse afirmar que, se Deus nos ama tanto a ponto de dar a vida por nós, também nós deveríamos dar a vida *por ele*. Mas a conclusão de João é bem outra: também nós devemos amar e dar a vida *por nossos irmãos*. Pois só amando os irmãos,

---

[21] AQUINO JÚNIOR, Francisco de. "Fé e justiça". In: <http://theologicalatinoamericana.com/?p=183>.

[22] Cf. JEREMIAS, Joachim. *Teologia do Novo Testamento*. São Paulo: Hagnos, 2008, 159-193; SOBRINO, Jon. *Jesus, o libertador*: a história de Jesus de Nazaré. Petrópolis: Vozes, 105-159.

ama-se a Deus. O amor a Deus é sempre mediado pelo amor aos irmãos; o amor aos irmãos é o que nos torna afins com Deus, o que nos faz participar de sua vida, enfim, o que nos torna seus filhos/as (1Jo 1-10).

De modo que, na perspectiva cristã, é impossível "amar a Deus" sem "amar ao próximo". E o "próximo" é, antes de tudo, o que está "caído" à beira do caminho. Socorrê-lo em suas necessidades, fazer-lhe justiça, agir com compaixão e misericórdia: eis aqui o núcleo da experiência cristã de Deus ou da fé cristã. Com razão, o papa Francisco podia afirmar em sua catequese no dia 10 de agosto de 2014 que "o essencial do Evangelho é a misericórdia" e que por isso "o cristão necessariamente deve ser misericordioso". Anos atrás Jon Sobrino já havia escrito uma bela página sobre *A Igreja samaritana e o princípio misericórdia*.[23] A mesma problemática pode ser formulada em sintonia com a tradição profética na qual Jesus está inserido e com menos riscos de manipulação espiritualista, nos termos de *Fé e justiça*, conforme fizemos em outra ocasião.[24]

Importa aqui, em todo caso, insistir na centralidade do sofrimento humano na fé cristã e no modo cristão de lidar e enfrentar-se com o sofrimento humano. Certamente não há maior dificuldade em reconhecer e aceitar a centralidade do sofrimento humano na fé cristã. O problema começa quando se trata de compreender e enfrentar a complexidade e os níveis de sofrimento e, sobretudo, as causas estruturais que promovem sofrimento injusto a grande parte da humanidade. Por um lado, não se pode nem simplificar e banalizar o sofrimento humano qualquer que seja (dimensões do sofrimento) nem relativizá-lo a tal ponto que já não se possa falar de urgências, prioridades etc. (níveis de sofrimento). Por outro lado, não se pode enfrentar eficazmente o sofrimento humano sem enfrentar as causas estruturais que o produzem. Não é simplesmente fruto do acaso nem

---

[23] Cf. SOBRINO, Jon. "La Iglesia samaritana y el principio misericordia". In: *El principio-misericordia. Bajar de la cruz a los pueblos crucificados*. Santander: Sal Terrae, 1992, 31-45.

[24] Cf. AQUINO JÚNIOR, Francisco de. "Fé e justiça". Op. cit.

muito menos da vontade de Deus ou de um suposto destino, mas, em grande medida, é fruto da ação humana individual e social. E enfrentar estas causas significa enfrentar-se e confrontar-se com interesses individuais e coletivos poderosíssimos (conflito).

A percepção e o enfrentamento dessa dimensão estrutural do sofrimento humano são, sem dúvida nenhuma, a marca mais própria e peculiar das teologias da libertação e das igrejas, comunidades ou movimentos a que estas teologias estão vinculadas.

No contexto específico da América Latina, a Conferência de Medellín (1968) já falava de "estruturas opressoras" (Introdução), "estruturas injustas" (Justiça, I), "violência institucionalizada" (Paz, 2, II), e apontava para a necessidade de "novas e renovadas estruturas" (Justiça, II). E a conferência de Puebla (1979) chega a falar de "dimensão social do pecado", de "estruturas de pecado" ou de "pecado social" (28, 70, 73, 281, 452, 282, 487, 1258), reflexão que será aprofundada pela teologia da libertação e assumida até pelo magistério da Igreja de Roma. Mas, além da percepção dessa dimensão estrutural da injustiça e de seu caráter pecaminoso, Medellín afirma claramente que "criar uma ordem social justa, sem a qual a paz é ilusória, é uma tarefa eminentemente cristã" (Paz, 2, III) e que "a justiça e consequentemente a paz conquistam-se por uma ação dinâmica de conscientização e de organização dos setores populares, capaz de urgir os poderes públicos, muitas vezes impotentes nos seus projetos sociais, sem o apoio popular" (Paz, 2, II).

Estas intuições que depois serão aprofundadas e desenvolvidas estão na base do amplo e complexo processo de engajamento de cristãos, comunidades e grupos cristãos nas mais diversas organizações e lutas populares em todo o continente: caráter estrutural do sofrimento injusto, caráter pecaminoso das estruturas injustas, caráter salvífico da transformação das estruturas injustas/pecaminosas da sociedade.

Tudo isso mostra que o "potencial contra-hegemônico" do cristianismo, para além de um *fato* comprovado pela participação de cristãos e grupos cristãos nas lutas por justiça, constitui sua *característica* ou sua *marca* mais fundamental. E a tal ponto que se pode dizer que o contrário disso, ou seja, sua instrumentalização pelos grupos e poderes injustos hegemônicos ao longo da história, embora quantitativamente majoritário, constitui uma corrupção ou negação radical da experiência cristã de Deus – instrumentalização ideológica (linguagem sociológica), blasfêmia ou idolatria (linguagem teológica).

De modo que a abordagem de Boaventura de Sousa Santos das religiões em geral e do cristianismo em particular, a partir e em função das lutas sociais contra o sofrimento humano injusto, se não esgota a experiência cristã de Deus nem sequer a prática cristã do amor, toca ou diz respeito ao seu núcleo mais fundamental. Não sem razão, Paulo fala da fé cristã como uma "fé ativada pelo amor" (Gl 5,6) e os evangelhos falam do fazer-se "próximo" dos caídos, socorrendo-os em suas necessidades, como condição e critério para herdar a vida eterna ou para participar do banquete final (Lc 10,25-37; Mt 25,31-46). E a experiência eclesial latino-americana, confirmada pelo papa Francisco também em sua Exortação Apostólica *A alegria do Evangelho*, mostra a necessidade de articular bem a prática cotidiana da solidariedade com a transformação das estruturas da sociedade (cf. EG 188s, 202); o que só é possível, como já indicava o Documento de Medellín, mediante "uma ação dinâmica de conscientização e de organização dos setores populares" (Paz, 2, II). E aqui se mostra muito claramente o vínculo constitutivo e essencial entre cristianismo, amor ao próximo, estruturas da sociedade e lutas populares.

Capítulo VII

Pastoral social
Dimensão socioestrutural da caridade cristã

A intenção deste texto é ajudar a compreender melhor o que é *pastoral social*. Se em outras épocas isso parecia claro e evidente, hoje já não é mais. Há tantas compreensões e ideias sobre pastoral social na Igreja que se acaba perdendo de vista sua especificidade em relação a outras dimensões e formas da caridade cristã. A identificação sem mais da pastoral social com caridade cristã termina diluindo sua especificidade e no fim das contas perdendo de vista ou mesmo negando uma dimensão fundamental da caridade, que é sua dimensão socioestrutural.

É preciso compreender a pastoral social como uma dimensão da caridade cristã, mas uma dimensão que não pode ser reduzida nem confundida com outras dimensões. A caridade cristã é mais ampla e mais abrangente que a pastoral social. A pastoral social é a expressão mais qualificada da dimensão socioestrutural da caridade cristã; é fermento evangélico nas estruturas da sociedade.

Para ajudar a compreender melhor essa problemática, começaremos tratando da caridade cristã em sua amplitude e complexidade. Em seguida, abordaremos a dimensão socioestrutural da caridade, explicitando sua especificidade e irredutibilidade. E concluiremos falando da pastoral social como expressão qualificada da dimensão socioestrutural da caridade.

Antes de desenvolvermos os temas indicados, convém fazer duas advertências: 1) Não vamos tratar aqui de nenhuma pastoral social específica, nem da história das pastorais sociais, nem vamos desenvolver uma reflexão ampla e didática sobre pastoral social. Sobre isso, pode-se consultar os *sites* das pastorais sociais, as cartilhas já publicadas pela CNBB e pelas várias pastorais ou outras publicações. Aqui nos interessa simplesmente explicitar a especificidade da pastoral social ante outras dimensões e expressões da caridade cristã. 2) Para tornar o texto mais leve e facilitar sua compreensão e discussão, usaremos uma linguagem mais coloquial e menos abstrata e reduziremos ao máximo as citações bibliográficas.

1. Caridade cristã

A caridade é sem dúvida nenhuma o centro da fé cristã: "Deus é amor" e "todo aquele que ama nasceu de Deus e conhece a Deus", pois "o amor vem de Deus" (cf. 1Jo 4,8-16). A fé cristã é uma fé ativada/dinamizada pela caridade (cf. Gl 5,6). Não há nada maior e mais importante que a caridade (cf. 1Cor 13,13). Toda a Lei se resume no amor a Deus e ao próximo e o amor ao próximo é o critério de amor a Deus (cf. Mt 22,34-40; Mc 12,28-33; Lc 10,25-28; Jo 15,12; 1Jo 4,20). Quem diz que ama a Deus e não ama o irmão é mentiroso (cf. 1Jo 4,20). A caridade é o que nos torna afins com Deus: quem ama permanece em Deus e Deus permanece nele (cf. 1Jo 4,7-21). E é o critério último/escatológico da vida eterna ou do Reino de Deus (cf. Lc 10,25-37; Mt 25,31-40). De modo que não há nada maior, mais importante, mais santo, mais espiritual, mais religioso, mais definitivo que o amor. E este deve ser real, concreto: "não amemos com palavras e com a língua, mas com ações e em verdade" (1Jo 3,18).

Mas não basta falar da caridade como centro da vida cristã. É preciso explicitar melhor em que consiste a caridade e como ela é ou pode ser de fato vivida. E aqui há que considerar a abrangência, os diversos níveis e as diversas formas de vivência da caridade cristã. *Grosso modo*, pode-se dizer que ela diz respeito tanto ao modo de vida da comunidade cristã em geral (vida fraterna) quanto ao cuidado dos pobres e marginalizados em particular (diaconia). São dois aspectos fundamentais da caridade cristã que convém explicitar e considerar com mais atenção.

Vida fraterna

A caridade diz respeito antes de tudo ao modo de vida cristã: "Nisto conhecerão todos que sois meus discípulos se tiverdes amor uns pelos outros" (Jo 13,35). O amor fraterno é a característica fundamental da comunidade cristã. Não por acaso, os escritos neotestamentários estão cheios de exortações, advertências e orientações práticas referentes à vida fraterna. Alguns textos (cf. Gl 5,13-26; Ef 4,17–5,20; Cl 3,5-17) reúnem e condensam de tal modo estas exortações, advertências e orientações que podem ser considerados uma síntese e um convite à vida cristã, como, por exemplo, o capítulo 12 da Carta de Paulo aos Romanos. Vale a pena reler!

Paulo começa exortando a comunidade a um "culto espiritual", oferecendo-se como "sacrifício vivo, santo e agradável a Deus". Isso implica não se ajustar ao "mundo", transformando-se com uma mentalidade nova para "discernir qual é a vontade de Deus, o que é bom, aceitável e perfeito". Fala da comunidade como um "corpo" que tem "muitos membros" e exorta cada um a usar os dons recebidos (profecia, serviço, ensino, exortação, partilha, presidência etc.) para o bem da comunidade. E prossegue:

> Que vosso amor seja sem hipocrisia: detestando o mal e apegados ao bem; com amor fraterno, tendo carinho uns para com os outros, cada um considerando os outros como mais digno de estima. Sede diligentes, sem preguiça, fervorosos de espírito, servindo ao Senhor, alegrando-vos na esperança, perseverando na tribulação, assíduos na oração, tomando parte nas necessidades dos santos, buscando proporcionar a hospitalidade. Abençoai os que vos perseguem; abençoais e não amaldiçoeis. Alegrai-vos com os que se alegram, chorai com os que choram. Tende a mesma estima uns pelos outros, sem pretensões de grandeza, mas sentindo-vos solidários com os mais humildes: não vos deis ares de sábios. A ninguém pagueis o mal com mal; seja vossa preocupação fazer o que é bom para todos os homens, procurando, se possível, viver em paz com todos, por quanto de vós depende. Não façais justiça por vossa conta [...]. Antes, se teu inimigo tiver fome, dá-lhe de comer; se tiver sede, dá-lhe de beber: agindo desta forma estarás acumulando brasas sobre a cabeça dele. Não te deixes vencer pelo mal, mas vence o mal com o bem.

Particularmente relevante neste contexto são os dois sumários referentes às primeiras comunidades nos Atos dos Apóstolos:

> Eles mostravam-se assíduos ao ensinamento dos apóstolos, à comunhão fraterna, à fração do pão e às orações [...]. Todos os que tinham abraçado a fé reuniam-se e punham tudo em comum: vendiam suas propriedades e bens, e dividiam-nos entre todos, segundo as necessidades de cada um. Dia após dia, unânimes, mostravam-se assíduos no templo e partiam o pão pelas casas, tomando o alimento com alegria e simplicidade de coração. Louvavam a Deus e gozavam da simpatia de todo o povo. E o Senhor acrescentava cada dia ao seu número os que seriam salvos (At 2,42-47).

> A multidão dos que haviam crido era um só coração e uma só alma. Ninguém considerava exclusivamente seu o que possuía, mas tudo entre eles era comum. Com grande poder os apóstolos davam o testemunho da ressureição do Senhor, e todos tinham grande aceitação. Não havia entre eles necessitado algum. De fato, os que possuíam terrenos ou casas, vendendo-os, traziam os valeres das vendas e os depunham aos pés dos apóstolos. Distribuía-se então, a cada um, segundo sua necessidade (At 4,32-35).

E o Doc. 100 da CNBB, *Comunidade de comunidades: uma nova paróquia*, recolhe da Escritura uma série de características das primeiras comunidades cristãs ou do modo cristão de viver: fraternidade, igualdade de dignidade, partilha dos bens, amizade, serviço, perdão, oração em comum, alegria, hospitalidade, partilha, comunhão de mesa, acolhida aos excluídos (71-97).

Tudo isso indica que a caridade cristã diz respeito, em primeiro lugar, ao modo de vida dos cristãos. Eles devem viver no amor mútuo. Essa é sua característica principal. E é por isso que dizemos tantas vezes que devemos tratar uns aos outros com caridade: agir com caridade. Mas isso não é tudo. A expressão máxima do amor e sua prova de fogo estão no cuidado dos pobres, marginalizados e fracos. O amor tem um dinamismo fundamentalmente misericordioso, no sentido de ter em seu coração os miseráveis deste mundo e de ser movido unicamente por suas necessidades sem esperar nenhuma retribuição. Daí por que o amor fraterno entre os cristãos se constitua necessariamente em serviço aos pobres, oprimidos e marginalizados, extrapolando os limites da própria comunidade. É o segundo aspecto da caridade cristã.

Diaconia aos pobres e marginalizados

O amor que caracteriza a vida cristã se concretiza particularmente no cuidado dos pobres, marginalizados e fracos. A vida fraterna se vive e se mede em última instância na diaconia. O dinamismo misericordioso do amor faz com que os "miseráveis" estejam no "coração" da Igreja. Aqui está a expressão máxima e a prova de fogo da caridade cristã. E tanto em relação à vida interna da comunidade quanto em relação à sociedade em geral.

Sem dúvida nenhuma, esse é um dos traços e uma das preocupações mais importantes das primeiras comunidades cristãs. Isso se pode verificar, por exemplo, na única exigência feita às comunidades paulinas, por ocasião do chamado Concílio de Jerusalém: "somente pediram que nos lembrássemos dos pobres" (Gl 2,1-10); na condenação de Paulo ao que acontecia na comunidade de Corinto quando se reunia para celebrar a ceia do Senhor: "uns se antecipam em consumir a própria ceia e, enquanto um passa fome, o outro se embebeda" (1Cor 11,17-34); na coleta feita pelas comunidades paulinas para os pobres da Igreja de Jerusalém (1Cor 16,1-4; 2Cor 8-9; Rm 15,26-12,8); na escolha dos 7 diáconos para o cuidado das viúvas (At 6,1-7); na comunidade de bens relatada nos Atos dos Apóstolos (At 2,41-47; 4,32-37); na denúncia e admoestação aos ricos que se enriquecem às custas do salário dos trabalhadores feitas na carta de Tiago (Tg 5,1-6); e no critério escatológico para herdar a vida eterna ou para entrar no reino dos céus (Lc 10,29-37; Mt 25,31-46). Sem falar da centralidade que os pobres e marginalizados ocupam na vida de Jesus, como se pode ver nos Evangelhos, e das muitas recomendações que aparecem nas escrituras cristãs referentes ao cuidado dos pobres, doentes, viúvas, órfãos, encarcerados, estrangeiros etc.

Mas não só nas primeiras comunidades. Isso se dá ao longo de toda história da Igreja. Como bem afirma o papa Bento XVI em sua encíclica *Deus é amor*,

> com o passar dos anos e a progressiva difusão da Igreja, a prática da caridade confirmou-se como um dos seus âmbitos essenciais, juntamente com a administração dos sacramentos e o anúncio da palavra: praticar o amor para com as viúvas e os órfãos, os presos, os doentes e necessitados de qualquer gênero pertence tanto à sua essência como o serviço dos sacramentos e o anúncio do Evangelho. A Igreja não pode descurar o serviço da caridade, tal como não pode negligenciar os sacramentos nem a palavra (22).

E, de fato, o serviço da caridade sempre esteve presente na vida da Igreja, embora nem sempre com a mesma intensidade e criatividade. E os grandes movimentos de renovação espiritual da Igreja ao longo da história têm como uma de suas marcas principais, senão sua marca principal, o cuidado dos pobres. A "volta às fontes" é sempre, em boa medida, uma volta aos pobres. A renovação da Igreja se dá antes de tudo e acima de tudo na e pela diaconia aos pobres.

É preciso reconhecer, contudo, que o serviço da caridade desenvolvido pela Igreja no decorrer dos séculos se deu de formas e em níveis diferenciados. Adquiriu muitas expressões e foi estruturado e institucionalizado de muitas maneiras. Mesmo correndo risco de simplificações, podemos identificar sem maiores dificuldades dois níveis fundamentais do serviço da caridade na Igreja: *assistência aos necessitados* e *transformação das estruturas da sociedade*.

Assistência aos necessitados

Antes de tudo, os mais diversos serviços de assistência aos necessitados. Diversos necessitados: viúvas, órfãos, estrangeiros, crianças, doentes, idosos, encarcerados, migrantes, moradores de rua, dependentes químicos, pessoas com deficiência, vítimas de catástrofes etc. Diferentes serviços: alimentos, roupas, remédios, abrigos, orfanatos, asilos, escolas, albergues, casas de recuperação, centros de convivência etc. Esse é o nível mais tradicional, comum e generalizado de serviço aos pobres e marginalizados na Igreja. Trata-se de assistir as pessoas em suas vulnerabilidades e necessidades mais imediatas; necessidades que não podem esperar.

É preciso reconhecer que esse serviço é fundamental na vida dessas pessoas e que é um serviço muito evangélico. Mas é preciso reconhecer também que ele não é suficiente e que é necessário buscar meios mais eficazes para o enfrentamento dessas situações de pobreza e marginalização extremas. A não percepção do limite desse nível e forma de caridade acaba transformando a necessária assistência (imediata, provisória) em assistencialismo (comum, permanente). Por mais que esse deva ser um serviço permanente na Igreja e que sejam necessários pessoas e grupos que se dediquem a ele, não pode ser tomado como o único serviço aos pobres nem como a forma mais eficaz de superar a pobreza e a marginalização sociais. É preciso dar um passo a mais na direção da transformação das estruturas da sociedade.

Transformação das estruturas da sociedade

O engajamento da Igreja nos processos de transformação das estruturas da sociedade está ligado ao processo de complexificação das sociedades e à crescente percepção de que a pobreza e a marginalização sociais não são um fenômeno individual, circunstancial nem natural. Elas são fruto do modo concreto de estruturação e organização de nossa vida coletiva; um modo de organização da sociedade que marginaliza grandes setores da população, limitando ou mesmo impedindo até o acesso aos meios materiais básicos de sobrevivência. Noutras palavras: o modo mesmo de organização de nossa sociedade produz marginalização e pobreza. Consequentemente, a superação da pobreza e da marginalização sociais passa pela transformação das estruturas da sociedade. Trata-se, aqui, de reorganizar ou reestruturar nossa vida coletiva, de modo a reconhecer a dignidade e os direitos de todas as pessoas, garantido os meios econômicos, políticos e sociais de efetivação dessa dignidade e desses direitos.

Certamente, isso não nega nem se contrapõe sem mais ao serviço de assistência aos necessitados – sempre necessário e sempre provisório. Mas avança na direção da dimensão socioestrutural da caridade, dinamizada pelo princípio da justiça que, de acordo com a tradição bíblica, significa fundamentalmente a garantia dos direitos do pobre, do órfão, da viúva e do estrangeiro, símbolo dos marginalizados de todos os tempos. E, aqui, justiça e caridade se identificam. A justiça é a forma que a caridade assume em uma sociedade desigual que produz pobreza e marginalização. Essa forma de caridade tem um dinamismo diferente da caridade assistencial. Ela se desenvolve na criação e/ou fortalecimento de processos sociais que visam transformar as estruturas da sociedade a partir e em vista das necessidades e dos direitos dos pobres e marginalizados. Seu foco não é a *necessidade imediata* a ser satisfeita (assistência aos necessitados), mas os *mecanismos estruturais* que fazem com que grandes setores da sociedade vivam em situação permanente de necessidade (transformação das estruturas da sociedade). Daí a proximidade dos grupos que se dedicam a essa dimensão e forma da caridade cristã com as organizações e os movimentos sociais que lutam pelos direitos dos pobres e marginalizados.

Em síntese, *assistência aos necessitados* e engajamento nos *processos de transformação das estruturas da sociedade* são as duas formas fundamentais de serviço aos pobres e marginalizados desenvolvidos pela Igreja. São dimensões e formas da caridade enquanto diaconia aos pobres e marginalizados que se complementam mutuamente. Afinal, as necessidades imediatas precisam ser atendidas imediatamente; mas é preciso encontrar meios eficazes de superação do estado permanente de necessidade em que se encontram grandes setores da população. Como bem afirma o papa Francisco em sua exortação apostólica *A alegria do Evangelho*, além dos "gestos mais simples e diários de solidariedade para com as misérias muito concretas que encontramos", é necessário cooperar para "resolver as causas estruturais da pobreza e promover o desenvolvimento integral dos pobres" (EG 188). "A desigualdade é a raiz dos males sociais" (EG 202).

Convém desenvolver um pouco mais essa problemática da dimensão socioestrutural da caridade cristã. Tanto por ser o aspecto menos evidente, mais complexo e mais polêmico da caridade, quanto por ser a forma própria de exercício da caridade da pastoral social, objeto mais direto de nossa reflexão.

2. Dimensão socioestrutural da caridade

Não há muita dificuldade em compreender a dimensão assistencial da caridade. É um fato que em nossas comunidades, em nosso país e no mundo inteiro muitas pessoas são marginalizadas e passam necessidade, carecendo até das condições materiais básicas de sobrevivência. E nós devemos fazer tudo que estiver ao nosso alcance para socorrê-las em suas necessidades. Uma Igreja indiferente às necessidades da humanidade sofredora e que passa à margem dos caídos à beira do caminho pode ser qualquer coisa, menos a Igreja de Jesus Cristo que se identificou com os pobres e marginalizados e se dedicou a cuidar do que estava caído à beira do caminho.

Acontece que a pobreza e a marginalização não são fatos isolados em nosso mundo. Não é apenas problema de alguns indivíduos que, por mera casualidade, circunstância ou "decisão" pessoal, encontram-se nessa situação. Certamente isso também existe: doença, catástrofe, crise familiar, desilusão amorosa, dependência química, comodismo etc. Mas isso vale para alguns casos isolados. Não explica o fenômeno massivo da pobreza e marginalização sociais em nosso mundo. Em última instância, esse fenômeno é fruto do modo mesmo de estruturação e organização da sociedade. Ele faz com que os bens e riquezas produzidos estejam concentrados nas mãos de uns poucos; faz com que amplos setores da sociedade sejam marginalizados em razão de sua cultura, de sua raça, de seu sexo, de sua orientação sexual, de sua idade, de sua deficiência física ou mental, de seus delitos etc.; e reduz a natureza a mero recurso econômico para acumulação ilimitada de riquezas, causando grandes desequilíbrios socioambientais e comprometendo, inclusive, o futuro da vida no planeta. Por isso mesmo, uma caridade que se queira eficaz não se pode reduzir ao nível meramente assistencial, por mais que isso seja necessário. Precisa enfrentar também os mecanismos sociais que produzem essa situação. Para isso é importante compreender minimamente o processo de estruturação e organização da sociedade, bem como o modo de interferir nesse processo em vista da garantia dos direitos dos pobres e marginalizados. É o que faremos a seguir.

Estruturas da sociedade

Não vamos entrar aqui na discussão acerca da gênese da sociedade e de seu processo de estruturação, uma discussão importante e complexa na filosofia e nas ciências sociais.[25] Partimos diretamente do fato de que nascemos e vivemos em uma sociedade concreta, organizada de forma bem determinada; e de que essa sociedade,

---

[25] Cf. GONZÁLEZ, Antonio. "Filosofía de la sociedad". In: *Introducción a la práctica de la filosofía*: texto de iniciación. San Salvador: UCA, 2005, 237-291; SELL, Carlos Eduardo. *Sociologia clássica*: Marx, Durkheim e Weber. Petrópolis: Vozes, 2012.

organizada desta forma, condiciona e determina em grande medida, para o bem e/ou para o mal, a vida de todas as pessoas. Somos seres sociais e nossa vida é muito mais condicionada e determinada pela sociedade do que parece à primeira vista.

Certamente, esta sociedade foi organizada desta forma por pessoas e grupos muito concretos. Não é fruto do acaso nem é um dado natural. Não há nenhum determinismo aqui. Mas uma vez organizada desta forma, ela adquire certa autonomia em relação às pessoas e aos grupos concretos e passa a condicionar, possibilitando ou impossibilitando, a vida das pessoas e dos grupos.

Essa foi a grande descoberta das ciências sociais no século XIX. Houve e há muita discussão em torno da compreensão da sociedade e da relação entre a sociedade e os indivíduos. Mas uma coisa é certa: a sociedade não é a mera soma dos indivíduos. Ela tem certa autonomia em relação aos indivíduos e interfere diretamente na vida das pessoas: ninguém escolhe nascer rico ou pobre; não é natural que a mulher seja subordinada ao homem (até na estrutura gramatical da língua), que o negro seja inferior ao branco (nas piadas, nos postos de trabalho, nos salários etc.), que determinadas pessoas e profissões sejam superiores a outras (médico x gari, catador x empresário etc.); que o Estado garanta toda infraestrutura de saneamento, transporte, segurança etc. nos bairros de classe média alta, e não nas favelas e periferias; que use o dinheiro público para construir infraestrutura para as empresas do agronegócio e destine apenas "bolsas" para a agricultura camponesa etc. Tudo isso é fruto do modo concreto como nossa sociedade está organizada.

De fato, nossa vida é muito mais condicionada e determinada pelas estruturas da sociedade do que parece. A forma como nos cumprimentamos uns aos outros (tu, você, senhor, excelência, majestade, eminência etc.), o ser homem ou mulher, as relações de poder, a produção e distribuição de bens e riquezas, a relação com o meio ambiente, por exemplo, é, em grande parte, regulamentada e controlada socialmente. E de muitas formas: costumes, valores, regras, normas, leis, instituições, aparato policial etc. Nossa vida se desenvolve sempre em uma determinada sociedade organizada de determinada forma. E quanto mais essa sociedade cresce e se complexifica, tanto mais cresce a interferência de seus mecanismos de organização e estruturação sociais na vida das pessoas e dos diversos grupos sociais.

Quando falamos de sociedade ou estruturas da sociedade, falamos da organização e estruturação de nossa vida coletiva, seja no que diz respeito à produção e distribuição de bens e riquezas (economia); seja no que diz respeito às relações de poder em geral e à organização sociopolítica da sociedade em particular (relações sociais e organização política); seja, ainda, no que diz respeito às mais diversas formas de justificação e legitimação dos interesses pessoais e grupais, bem como da manutenção ou transformação da ordem social vigente (cultura). Noutras palavras, falamos do conjunto de mecanismos que ordenam e regulamentam nossa vida coletiva: costumes, mentalidades, regras, normas, leis e instituições (econômicas, familiares, sexuais, sociais, educativas, religiosas, políticas, jurídicas, coercitivas etc.). Tudo isso condiciona enormemente a vida das pessoas e dos grupos. Para o bem e/ou mal.

É verdade que na maioria das vezes não nos damos conta desses mecanismos de organização e regulamentação sociais. Por isso mesmo a discussão acerca das estruturas da sociedade parece uma discussão abstrata e distante. É difícil tocar e agarrar as estruturas da sociedade. Mas não é difícil perceber, por exemplo, que alguns têm todas as condições e facilidades para produzir e/ou acumular riquezas, bem como para defender seus interesses, enquanto a grande maioria da população não dispõe dessas condições e facilidades; que os pobres pagam proporcionalmente mais imposto que os ricos; que o Estado financia a atividade econômica dos empresários e banqueiros (infraestrutura, subsídios fiscais, taxa de juros etc.); que garante toda infraestrutura urbana nos bairros de classe média alta e não nas favelas e periferias; que certas profissões são bem reconhecidas e remuneradas e outras não; que muitas pessoas são oprimidas e marginalizadas por causa de sua cultura, de seu sexo, de sua orientação sexual, de sua idade etc.; que as leis são feitas pela elite para proteger seus interesses e que a "justiça" normalmente está do seu lado etc. E tudo isso se deve em grande medida ao modo concreto como nossa sociedade está organizada. A pobreza e a marginalização social não são uma casualidade nem uma fatalidade. São frutos de um modo injusto e desigual de organização de nossa vida coletiva. De modo que sua superação passa necessariamente pela transformação desse modo de organização da sociedade.

Transformação da sociedade

Não é fácil transformar as estruturas da sociedade. Não só porque elas estão institucionalizadas e mesmo legalizadas, mas porque tem gente que se beneficia com elas e reage com todos os meios contra qualquer tentativa de modificação e, sobretudo, de transformação da ordem social vigente. Sem falar que esses grupos que se beneficiam com a ordem social vigente controlam a atividade econômica, a organização política do Estado, a produção do conhecimento e a difusão das informações, exercendo um domínio, inclusive, sobre as vítimas dessa forma de organização da sociedade. Aliás, a forma mais eficiente de manter a dominação e a marginalização é fazer com que os dominados e marginalizados interiorizem e naturalizem seu estado de dominação e marginalização, isto é, que compreendam e aceitem sua situação como uma fatalidade e, portanto, como algo insuperável.

Mas dizer que não é fácil não significa dizer que é impossível. Assim como a sociedade foi organizada desta forma através da ação de pessoas e grupos sociais, ela pode ser modificada ou mesmo transformada através da ação de pessoas e grupos sociais. É verdade que é mais fácil manter a estrutura ou ordem social vigente que transformá-la; os costumes, as regras, as normas, as leis e as instituições tendem sempre a conservar a ordem vigente. E é verdade que nem todas as pessoas nem todos os grupos têm o mesmo poder de ação e intervenção sociais: as relações de poder são extremamente desiguais em

Nas periferias do mundo

nossa sociedade. Mas a história é farta de exemplos de grupos sociais subalternos (negros, mulheres, indígenas, camponeses, operários etc.) que, através de sua organização e articulação com outros setores da sociedade, foram capazes de intervir e alterar a ordem social vigente.

É que a subordinação também tem seus limites. Há momentos em que a necessidade se impõe com tal força que se transforma em indignação e revolta: quando a fome aperta, o povo saqueia o comércio; quando o salário atrasa, o povo faz greve; quando não há mais alternativa de trabalho e moradia, o povo ocupa terra no campo e na cidade; quando o governo não garante condições de vida no campo, o povo ocupa estradas e prédios públicos; quando não faz demarcação de terras indígenas e quilombolas, o povo faz por sua própria conta; e assim por diante.

Muitas vezes, essa indignação e revolta são como "fogo de palha": surgem de repente, incendeiam de imediato, mas logo são controladas com a força policial e/ou com promessas populistas. Não resistem à pressão. Outras vezes, são como "fogo de monturo": vão crescendo aos poucos, a partir de baixo, sem chamar muita atenção. São muito mais resistentes e difíceis de serem controladas e apagadas. E sempre fica uma chama que pode reacender a qualquer momento. Esse tipo de indignação e revolta tende a se constituir como força social capaz de afrontar e alterar a ordem social vigente. Essa alteração pode ser mais superficial (reforma) ou mais profunda (transformação). Em todo caso, trata-se sempre de um *processo* e de um *processo social*.

Processo permanente

Antes de tudo, é preciso insistir no fato de que a transformação das estruturas da sociedade é algo *processual e permanente*. Não se muda a sociedade da noite para o dia a toque de mágica (imediatismo) nem de uma vez por todas (definitivamente). A mudança é um processo permanente.

Dizer que é um *processo* é dizer que se vai dando aos poucos, de acordo com força social acumulada e com as reais possibilidades com que se conta em cada momento. Não basta dizer que tem que mudar, é preciso dizer como mudar e, aqui, a questão se torna muito mais difícil e complexa. Até porque não se pode ignorar nem minimizar as forças de resistência e reação à transformação da ordem social vigente. Importa, em todo caso, 1) construir e fortalecer processos sociais os mais diversos de conquista de direitos; 2) articular o máximo possível esses diferentes processos sociais, acumulando força no enfrentamento da ordem social vigente; 3) e nunca desconectar as lutas e os processos concretos/locais do enfrentamento maior e mais complexo do sistema ou da ordem social vigente que produz injustiça social: local – global. O sistema se materializa e se torna palpável nas situações concretas de privilégio ou de exclusão social. E é aí que ele tem que ser atacado. Mas essas situações concretas são apenas uma expressão do sistema ou da ordem social vigente. De modo que o enfrentamento do sistema não se reduz nem se encerra em uma situação concreta de injustiça social.

Dizer que é um *processo permanente* é dizer que nunca vai chegar ao fim. A história humana é um processo permanentemente aberto e em construção. Precisamos superar uma concepção simplista e determinista da história, segundo a qual a história caminha necessariamente para uma determinada direção e um dia vai chegar lá: "irá chegar um novo dia, um novo céu, uma nova terra e um novo mar, e nesse dia..."; "virá o dia em que todos ao levantar a vista veremos nesta terra reinar a liberdade"; "quando o dia da paz renascer, quando o sol da esperança brilhar..." etc. Nenhum momento ou acontecimento histórico é definitivo nem perfeito. Sempre há o que fazer; sempre se pode avançar mais (o pecado está sempre presente...). A história é um processo permanente em construção. Tarefa nossa de cada dia, de toda a vida.

Sem dúvida nenhuma, o reinado de Deus vai se realizando na história à medida que vamos vivendo e organizando nossa vida de acordo com a vontade de Deus manifestada em Jesus Cristo. Mas ele não se esgota em nenhuma situação concreta. Pelo contrário. Sua presença e realização históricas sempre provocam crise e alimentam na própria história um dinamismo de superação e transcendência. E tanto em relação às diversas circunstâncias ou situações particulares quanto em relação ao conjunto da história em determinado momento. Daí por que a esperança sempre renasce, fincando raízes muitas vezes no gelo do desengano. Nem sequer a morte é um limite intransponível. Ao ditado popular "a esperança é a última que morre", nosso profeta poeta Casaldáliga costuma acrescentar que "se morrer ressuscita", levando às últimas consequências, a partir da fé cristã, a abertura radical que caracteriza a história humana.

Processo social

Mas além de ser um processo permanente, a transformação das estruturas da sociedade é um *processo social* que se dá mediante a constituição de uma força social capaz de confrontar a ordem social vigente e também de alterá-la ou mesmo transformá-la. Nenhuma pessoa sozinha consegue transformar a sociedade. Certamente, todos os processos de transformação social são desenvolvidos a partir de pessoas concretas e por pessoas concretas. Mas só se realizam na medida em que essas pessoas concretas vão se articulando e se constituindo como força social: "a união faz a força!".

É que a sociedade tem certa autonomia em relação aos indivíduos, tem um dinamismo próprio que, mediante costumes, mentalidades, regras, normas, leis e instituições as mais diversas tende a estabilizar e conservar o dinamismo ou a ordem vigente. Transformar a sociedade ou as estruturas da sociedade é transformar esses mecanismos que organizam nossa vida coletiva de determinada forma e que, por favorecerem certos setores da sociedade, são defendidos por eles a todo custo.

Basta ver que todas as conquistas sociais ao longo da história se deram mediante a mobilização, organização e luta de determinados setores da sociedade. Normalmente de setores prejudicados e marginalizados na sociedade, mesmo que com o apoio e a solidariedade de outras pessoas e grupos sociais. Às vezes isso leva muito tempo. Tanto tempo, que as gerações ou setores que alcançaram essas conquistas nem se dão conta do processo histórico que possibilitou essas conquistas; processo regado muitas vezes com sangue... São os mártires da caminhada... Quantos trabalhadores pagaram com a própria vida o preço da luta por direitos trabalhistas desde a revolução industrial; quantos camponeses pagaram com a própria vida o preço da luta pela reforma agrária; quantos indígenas pagaram com a própria vida o preço da luta pela demarcação de suas terras e pela afirmação de sua identidade cultural; quantos negros pagaram com a própria vida o preço da luta contra a escravidão e o racismo; quantas mulheres e quantos homossexuais pagaram com a própria vida o preço da luta contra o machismo e a homofobia e por sua emancipação social. E assim por diante. Nenhuma luta é em vão; nenhum sangue derramado na luta é em vão. Sempre pode brotar e produzir frutos. É verdade que nem sempre quem semeia e quem rega é quem colhe; mas se alguém colhe é porque alguém semeou e regou.

Daí por que a transformação das estruturas da sociedade seja um processo e um processo social. Vai se dando aos poucos: uma pequena conquista abre possibilidades de novas conquistas e assim por diante. E vai se dando a partir da mobilização, organização e luta dos marginalizados e seus aliados: a união faz a força. É um processo social permanente. Tarefa nossa de cada dia, de toda a vida, de toda a história.

E, aqui, precisamente, está o lugar e o modo próprios de atuação da pastoral social em suas diversas expressões e organizações. Ela se constitui como fermento evangélico nas estruturas da sociedade. Sua diaconia aos pobres e marginalizados se dá na luta pela transformação destas estruturas. Mais que atender às necessidades imediatas dos pobres e marginalizados (assistência aos necessitados), sua tarefa é lutar com outras forças sociais para transformar os mecanismos que produzem pobreza e marginalidade em nossa sociedade (transformação das estruturas da sociedade). Trata-se, aqui, portanto, da dimensão socioestrutural da caridade cristã. É o nosso próximo assunto.

3. Pastoral social

Para facilitar a leitura, vamos organizar a reflexão aqui em cinco pontos: compreensão básica, contextualização, dinamismo, características e desafios.

Compreensão básica

A Pastoral Social tem a ver fundamentalmente com a dimensão socioestrutural da caridade cristã. É a diaconia ou (colabor)ação organizada da Igreja na realização da justiça social, ou seja, nos processos de reestruturação de nossa vida coletiva a partir e em vista das necessidades e dos direitos dos pobres e marginalizados de nossa sociedade. Ela se constitui, assim, como fermento evangélico nas estruturas sociais. E num duplo sentido:

Por um lado, como *denúncia* e enfrentamento de toda forma de injustiça, exploração, discriminação e marginalização, bem como dos mecanismos que produzem essas situações. Ou seja, como afronta a um modo de estruturação e institucionalização de nossa vida coletiva que nega a grandes setores da população até as condições materiais básicas de sobrevivência, impedindo-as de viverem com dignidade e de se realizarem como pessoas. Trata-se, aqui, em última instância, do enfrentamento do pecado que se materializa e se institucionaliza nas estruturas da sociedade ou do que, desde Medellín e Puebla, convencionou-se chamar "pecado social".

Por outro lado, como *anúncio* eficaz de uma nova forma de organização da sociedade, isto é, como convocação à uma reinvenção e reestruturação da vida social: insistindo na inaceitabilidade da injustiça social; mobilizando pessoas e grupos a lutarem por seus direitos e a buscarem e criarem alternativas de vida; articulando e projetando essas lutas e alternativas; fortalecendo as lutas populares concretas com a força social da Igreja; explicitando e potencializando seu caráter salvífico. Trata-se, aqui, em última instância, da dimensão socioestrutural da graça, isto é, da ação salvífica e (re)criadora do

Espírito de Deus no mundo. Também a estruturação de nossa vida coletiva deve se dar na força, no dinamismo e no poder do Espírito de Deus.

Nós nos deparamos, aqui, com a dimensão socioestrutural do pecado e da graça. Nossa fé não é indiferente ao modo como organizamos nossa vida coletiva (cf. Puebla, 523-520). A organização da sociedade pode estar mais ou menos de acordo com o Evangelho de Jesus Cristo; pode estar mais ou menos em sintonia com o dinamismo de vida suscitado por Jesus e seu Espírito: pode tanto permitir ou facilitar (dinamismo gracioso) quanto impedir ou dificultar (dinamismo pecaminoso), adquirindo, assim, um caráter estritamente teologal. As estruturas da sociedade não são simplesmente estruturas econômicas, política, sociais, culturais, de gênero etc. São também e sempre estruturas teologais, enquanto objetivação (institucionalização) e mediação (poder dinamizador) da graça ou do pecado. Daí sua importância central para a fé cristã.

Na medida em que a sociedade está organizada ou estruturada de tal forma que priva uma grande parte da humanidade até das condições materiais básicas de sobrevivência; que mantém a dominação e a exploração dos homens sobre as mulheres, dos brancos sobre os negros; que discrimina e marginaliza idosos, homossexuais, pessoas com deficiência etc.; que destrói a natureza, causa desequilíbrios socioambientais e compromete o futuro da própria espécie no planeta; ela desfigura a presença de Deus no mundo e se constitui como um obstáculo ao dinamismo de vida fraterna suscitado por Jesus e seu Espírito. Suas estruturas têm, assim, um caráter intrinsecamente pecaminoso. Enquanto tais, elas se apresentam e se impõem como um dos maiores desafios para a vivência da fé e para a ação pastoral da Igreja.

Contextualização

A consciência explícita dessa problemática e desse desafio é relativamente recente na Igreja. Certamente, podemos encontrar indícios disso na Escritura e na Tradição da Igreja. Pensemos, por exemplo, na denúncia dos profetas contra a acumulação de riquezas, contra o salário não pago dos trabalhadores, contra a violação do direito das viúvas nos tribunais, contra a espoliação dos bens dos pequenos, contra um culto aliado à injustiça social e, sobretudo, à defesa radical do direito do pobre, do órfão, da viúva e do estrangeiro. Pensemos também nas reflexões sobre a destinação universal dos bens e sobre a política como arte do bem comum, desenvolvidas na Tradição da Igreja. Tudo isso é indício do que estamos chamando aqui de dimensão socioestrutural do pecado e da graça.

Mas sua consciência explícita começa a se desenvolver na Europa no século XIX, no contexto da complexificação da sociedade (revolução industrial, revolução francesa, revolução científica) e do desenvolvimento das ciências sociais. Ela se consolida a partir da Igreja da América Latina com as conferências episcopais de Medellín e Puebla e com as teologias da libertação. E, aos poucos, vai sendo assumida pelo conjunto da Igreja.

Um marco importante no surgimento da consciência da dimensão estrutural da fé é, não obstante suas ambiguidades e contradições, o chamado "catolicismo social" que se desenvolveu na Europa no contexto da revolução industrial e da situação da classe e do movimento operários nascentes. É nesse contexto que se insere a encíclica *Rerum novarum* do papa Leão XIII (1891), *Sobre a condição dos operários*. É a primeira intervenção oficial do magistério romano sobre a "questão social" e chegou a ser considerada como "carta magna" da atividade cristã no campo social (Pio XII, QA, 39) e como "texto fundador" da doutrina ou do ensino social da Igreja (Jean-Marie Mayeu).[26] Ela pode ser tomada, em todo caso, como "ponto de partida" de uma tradição recente do pensamento social católico. Seja em relação ao magistério do bispo de Roma que publicou uma série de encíclicas

---

[26] Cf. PONTIFÍCIO CONSELHO JUSTIÇA E PAZ. *Da Rerum Novarum à centesimus annus*: texto completo das duas encíclicas com dois estudos de Roger Aubert e Michel Schooyans. São Paulo: Loyola, 7.

sociais por ocasião do aniversário desta encíclica, seja em relação ao desenvolvimento da reflexão social e teológica sobre as questões sociais por parte de teólogos e cientistas católicos, seja, ainda, no que diz respeito à atuação de muitos católicos no campo social e político. Tudo isso vai se desenvolvendo ao longo do século XX e ganha novo impulso, novas perspectivas e novas dimensões com o Concílio Vaticano II (1962-1965) e a Constituição Pastoral *Gaudium et Spes* sobre *A Igreja no mundo de hoje* (1965).

Contudo, é na Igreja da América Latina e a partir dela que essa consciência se torna mais explícita e é levada às últimas consequências, tanto em termos teológicos quanto em termos pastorais.

A Conferência de Medellín (1968), por exemplo, já falava de "estruturas opressoras" (introdução), "estruturas injustas" (Justiça, I), "violência institucionalizada" (Paz, 2, II) e apontava para a necessidade de "novas e renovadas estruturas" (Justiça, II). E a Conferência de Puebla (1979) reconhece que a pobreza "não é uma etapa casual, mas sim o produto de determinadas situações e estruturas econômicas, sociais e políticas" (30), e chega a falar explicitamente de "dimensão social do pecado", de "estruturas de pecado" ou de "pecado social" (28, 70, 73, 281, 282, 452, 487, 1258).

Além da percepção dessa dimensão estrutural da injustiça e de seu caráter pecaminoso, Medellín afirmava claramente que "criar uma ordem social justa, sem a qual a paz é ilusória, é uma tarefa eminentemente cristã" e que "a justiça e consequentemente a paz conquistam-se por uma ação dinâmica de conscientização e de organização dos setores populares, capaz de urgir os poderes públicos, muitas vezes, impotentes nos seus projetos sociais, sem o apoio popular" (Paz 2, II).

Essas intuições que depois vão sendo aprofundadas e desenvolvidas na reflexão teológico-pastoral na América Latina e assumidas, em grande medida, pelo magistério romano para o conjunto da Igreja, estão na base do engajamento de cristãos, comunidades, grupos e mesmo da Igreja enquanto instituição nos mais diversos processos de organização e luta populares, ou do que se convencionou chamar *Pastoral social*, enquanto dimensão socioestrutural da caridade cristã.

Dinamismo

O engajamento da Igreja nos processos de transformação das estruturas da sociedade dá-se tanto através da atuação de *cristãos* em diversos movimentos e organizações sociais quanto através de *serviços, pastorais e organismos* de apoio, acompanhamento e defesa de setores marginalizados e de suas lutas e organizações populares; quanto, ainda, pela tomada de posição da *Igreja enquanto instituição e força social* através de seus ministros e de seus organismos de animação e coordenação pastoral (bispos, conferências episcopais, coordenações e articulações pastorais etc.). Convém, aqui, ao menos indicar essas diversas formas de participação da Igreja nos processos de transformação das estruturas da sociedade para que se possa compreender melhor a riqueza e a complexidade do dinamismo da pastoral social.

Em primeiro lugar, o engajamento de milhares de cristãos nas mais diversas lutas sociais (terra, água, moradia, educação, saúde, liberdade política, igualdade racial e de gênero, justiça socioambiental etc.) e nas mais diversas organizações populares (sindicatos, associações, partidos, movimentos etc.). É impossível falar das lutas, organizações e conquistas populares na América Latina nas últimas décadas sem falar da participação dos cristãos e da contribuição da fé cristã nesses processos.

Em segundo lugar, a tomada de posição pública de Igrejas locais (através de seu bispo, de seu presbitério, de sua coordenação pastoral ou de seus serviços e organismos de pastoral social) em favor de comunidades, grupos ou setores injustiçados e marginalizados: trabalhadores em greve; ocupações de terra no campo e na cidade; comunidades atingidas por barragens e projetos do agro-hidro-negócio; menores, população de rua e encarcerados vítimas da violência policial; superfaturamento de obras públicas e corrupção eleitoral,

Pastoral social

dentre outros. São situações bem concretas que acontecem em lugares bem concretos e agridem pessoas bem concretas.

Em terceiro lugar, os diversos serviços, organismos e pastorais sociais criados na Igreja para acompanhar determinados grupos e setores sociais marginalizados e colaborar com suas lutas e organizações sociais: Centros de Direitos Humanos, Comissão Pastoral da Terra, Conselho Indigenista Missionário, Pastoral Operária, Serviço Pastoral dos Migrantes, Conselho Pastoral dos Pescadores, Pastoral dos Nômades, Pastoral Carcerária, Pastoral do Povo da Rua, Pastoral da Mulher Marginalizada, Pastoral Afro-Brasileira, Pastoral da AIDS, Pastoral da Criança, Pastoral do Menor, Pastoral da Pessoa Idosa, Comissão Brasileira de Justiça e Paz, Caritas etc.

Em quarto lugar, a tomada de posição da Igreja do Brasil como instituição ante determinados acontecimentos, questões ou processos sociais. Seja através da CNBB ou de alguma de suas comissões ou de algum de seus regionais, seja através de organizações laicais ou de alguma pastoral social específica. Pensemos, por exemplo, nas denúncias de tortura na ditadura militar e no processo de redemocratização da sociedade brasileira; na defesa da reforma agrária e dos movimentos camponeses; na defesa dos povos indígenas e quilombolas e da demarcação de suas terras; nas críticas à política econômica neoliberal dos vários governos; na denúncia da corrupção política e no apoio a processos de reforma política.

Em quinto lugar, a promoção e participação em campanhas, eventos e processos de discussão e mobilização sociais os mais diversos, em torno de direitos fundamentais negados ou de mecanismos que produzem injustiça. Pensemos, aqui, por exemplo, nas campanhas da fraternidade, nas semanas sociais, nos gritos dos excluídos, nos plebiscitos populares (dívida externa, ALCA, leilão da Vale, limite da propriedade, reforma política), nos projetos de lei contra a corrupção eleitoral e de reforma política, nas diversas articulações e mobilizações em nível nacional (indígenas, camponeses, mulheres, projeto popular etc.).

Por fim, em sexto lugar, as discussões, articulações e mobilizações em nível mundial dentro da Igreja e da Igreja com diversas forças sociais. Cabe mencionar, aqui, a discussão sobre o processo de globalização e seus mecanismos de exclusão social nas últimas encíclicas sociais e nos documentos do Pontifício Conselho Justiça e Paz; a participação de (grupos) cristãos e crentes de muitas religiões no Fórum Social Mundial e no fórum paralelo ou integrado teologia e libertação, bem como em outras organizações e mobilizações sociais em nível mundial; e a atuação profética do papa Francisco no cenário mundial (migração, fome, conflitos e guerras, mercado, injustiça socioambiental etc.), particularmente através da encíclica *Louvado seja*, "Sobre o cuidado da casa comum", e dos encontros com os movimentos populares.

Características

Vimos que a caridade cristã é muito mais ampla e complexa que a pastoral social. Ela diz respeito tanto à vida fraterna entre os cristãos quanto às diversas formas de serviço aos pobres e marginalizados. A pastoral social é uma dessas formas de serviço aos pobres e marginalizados. Uma forma muito específica e irredutível a outras formas, também necessárias e evangélicas. De modo que nem toda ação ou serviço social, nem sequer qualquer serviço aos pobres e marginalizados, por mais nobre e evangélico que seja, é, sem mais, uma pastoral social. O que caracteriza uma pastoral social é seu intento de interferir na organização da sociedade e transformá-la a partir e em vista das necessidades e dos direitos de pobres e marginalizados.

Assim, visitar trabalhadores rurais e rezar com eles é algo muito evangélico e pode ajudar bastante a melhorar a convivência na comunidade. Mas essa visita e essa reza só são pastoral social se ajudarem esses trabalhadores a se constituírem como força social capaz de lutar por seus direitos: terra/território, água, condições de produzir e comercializar, escola, saúde, estrada etc.

Da mesma forma, distribuir alimentos, roupas e agasalhos a moradores de rua e catadores de material reciclável, e até mesmo rezar com eles, é algo necessário e muito evangélico. Mas esse serviço só se constitui como pastoral social em sentido estrito se for capaz de ajudá-los a se mobilizarem e a se constituírem como força social capaz de lutar por políticas públicas (equipamentos sociais para a população em situação de rua, moradia, e saúde); capaz de se organizarem em associações e cooperativas de catadores de material reciclável e de intervirem na política de resíduos sólidos etc.

Ou, ainda, visitar pessoas doentes, idosas e encarceradas, reunir-se e rezar com elas, é algo muito evangélico e faz parte da missão da Igreja. Mas só se constitui como pastoral social se essas visitas, esses encontros e essas rezas forem articulados com um processo de mobilização social de denúncia de violação de direitos e de defesa da dignidade e dos direitos dessas pessoas: sistema público de saúde, estatuto da pessoa idosa, estatuto da criança e do adolescente, segurança pública e justiça restaurativa e não vingativa para quem cometeu delito etc. E assim por diante...

Isso confere à pastoral social um caráter bem peculiar, nem sempre compreendido e aceito na sociedade em geral, nem na própria comunidade eclesial. Mesmo entre pessoas que estimam, valorizam e até praticam as chamadas "obras de misericórdia", há muita resistência à pastoral social em sentido estrito. É famosa a afirmação de Dom Helder Camara: "se dou comida aos pobres me chamam de santo; se pergunto por que eles são pobres me chamam de comunista". E o papa Francisco, falando de "terra, casa e trabalho" no encontro com os movimentos populares no Vaticano, dizia: "É estranho, mas se falo disto para alguns, o papa é comunista. Não se compreende que o amor pelos pobres está no centro do Evangelho. Terra, casa e trabalho, aquilo porque lutais, são direitos sagrados. Exigi-lo não é estranho, é a doutrina social da Igreja".[27] Mas aqui está a peculiaridade

---

[27] DISCURSO DO PAPA FRANCISCO aos participantes do Encontro Mundial dos Movimentos Populares. Brasília: Edições CNBB, 2015, 7s.

da pastoral social, enquanto dimensão socioestrutural da caridade cristã. Essa peculiaridade se mostra, sobretudo, em quatro de suas principais características: diálogo com as ciências, articulação com os movimentos populares, conflitividade e dimensão estrutural do pecado e da graça.

Diálogo com as ciências

Para transformar a sociedade é necessário saber minimamente como ela funciona, como ela está organizada e estruturada e quais as reais possibilidades de transformação social em cada momento. Para isto é necessário analisar a realidade, recorrendo à *sabedoria popular* gestada e testada na experiência cotidiana e histórica de pessoas, comunidades e povos, e às *ciências* que procuram explicar os fenômenos sociais e que investigam as possibilidades e os caminhos de transformação.

Por essa razão é comum nas pastorais sociais se fazer análise de conjuntura e convidar especialistas para discutir determinados temas e problemas. É que a fé oferece luzes e critérios para discernir a realidade e dá orientação e força para transformá-la, mas não explica como ela funciona nem como pode ser transformada. A fé pode dizer, por exemplo, que alimentação e moradia são direitos fundamentais e sagrados de todas as pessoas, mas não diz qual a melhor forma de produzir e distribuir alimentos nem qual o lugar e a forma mais segura de construir habitação. Para isso há que se recorrer sempre à sabedoria popular e às ciências que estudam essas realidades. Daí o diálogo constante da pastoral social com as várias ciências que estudam e explicam a realidade.

Articulação com os movimentos populares

Conforme indicamos acima, a transformação da sociedade é algo essencialmente processual e social. É um processo social que se dá mediante a mobilização e articulação de determinados setores da sociedade, que se vão constituindo como força social capaz de afrontar a organização social vigente e alterá-la ou mesmo transformá-la a partir das necessidades e dos interesses dos pobres e marginalizados desta mesma sociedade. Não há outra forma. Ninguém sozinho tem força para mudar a sociedade. Mas a união faz a força. E quanto maior for a força social, maior será sua capacidade de interferir na organização da sociedade: políticas públicas, política tributária, reforma agrária, políticas afirmativas de etnia, raça, gênero etc.

Daí por que a pastoral social, em seu intento de transformar as estruturas da sociedade, tenha que se articular com os movimentos e as organizações populares que lutam pela transformação da sociedade, sem que ela mesma se transforme sem mais em um movimento ou em uma organização popular. É pastoral. Mas enquanto colabor(ação) eclesial organizada nos processos de transformação das estruturas da sociedade, é aliada e parceira de todas as forças sociais (na medida em) que defendem e lutam pelos direitos dos pobres e marginalizados, independentemente de sua profissão de fé e de seu vínculo eclesial.

Conflitividade

Na medida em que luta pela transformação das estruturas da sociedade, a Igreja acaba, direta ou indiretamente, se confrontando com os grupos que se beneficiam com a ordem social vigente. Todo processo de transformação da sociedade é tenso e conflitivo, pois envolve interesses muito concretos de grupos muito concretos: comunidades camponesas, indígenas e quilombolas x latifúndio e empresas do agro-hidro-negócio; catadores de material reciclável x empresas de reciclagem, e assim por diante. O conflito, aqui, é algo inevitável. É inerente à missão da Igreja lutar pelo direito dos pobres e marginalizados da sociedade.

Daí o caráter conflitivo de toda pastoral social. Não se trata, aqui, de nenhuma idealização ou sacralização masoquista dos conflitos sociais, nem de fechamento ao diálogo, nem de agir movido pelo ódio ao inimigo, o que contraria uma fé dinamizada pelo amor (Gl 5,6). Trata-se simplesmente de permanecer fiel à missão de lutar pelo direito dos pobres e marginalizados, mesmo em meio aos conflitos, à perseguição e ao martírio. As pastorais sociais nasceram como resposta eclesial a situações de conflito social. O conflito é, assim, uma consequência da missão: "Se eles me perseguiram, também vos perseguirão" (Jo 15,20). E acaba sendo também um teste ou uma prova da missão. Estar bem e em paz com os exploradores e opressores do povo é sempre um sinal de infidelidade à missão. Não há neutralidade aqui...

Dimensão estrutural do pecado e da graça

Nem o diálogo com as ciências, nem a articulação com os movimentos populares, nem a conflitividade inerente aos processos de transformação social comprometem o caráter estritamente eclesial da pastoral social, transformando-a em um movimento social ou em uma ONG com verniz religioso. Antes, pelo contrário, possibilitam uma atuação eclesial eficaz nos processos de organização da sociedade.

Como indicamos acima, a fé não se restringe ao âmbito da interioridade ou da vida privada. Ela diz respeito também ao modo como nos relacionamos uns com os outros e como organizamos e estruturamos nossa vida coletiva (cf. EG 182-185). Implica não apenas a *conversão do coração*, mas também a *transformação das estruturas da sociedade*. É a dimensão socioestrutural do pecado e da graça que se vai institucionalizando nas estruturas da sociedade, condicionando e dinamizando nossa vida coletiva de modo pecaminoso ou gracioso.

A pastoral social é o âmbito da Igreja onde mais se leva a sério a dimensão estrutural do pecado e da graça. E faz isso 1) explicitando o caráter pecaminoso ou gracioso das estruturas da sociedade; 2) enfrentando-se com o pecado materializado e institucionalizado nas estruturas da sociedade; e 3) contribuindo com a luz e a força da fé nos processos de transformação da sociedade a partir das necessidades e dos direitos dos pobres e marginalizados, que são "os juízes da vida democrática de uma nação" (Doc. 42 da CNBB, n. 72), e o critério escatológico para herdar a vida eterna ou para tomar parte no banquete final (Lc 10,25-37; Mt 25,31-46).

Desafios

Vamos concluir nossa reflexão sobre a pastoral social como dimensão socioestrutural da caridade cristã, indicando desafios: alguns que dizem respeito mais diretamente à comunidade eclesial e outros que dizem respeito mais diretamente à sociedade e ao momento que estamos vivendo; alguns mais circunstanciais e conjunturais e outros mais permanentes e estruturais. Eles deixam a discussão em aberto e nos provocam e comprometem no seu enfrentamento prático e teórico. E o enfrentamento desses desafios, por sua vez, vai aprofundando e alargando nossa compreensão de pastoral social e de sua forma de atuação.

Comunidade eclesial

No que diz respeito à comunidade eclesial, é preciso, antes de tudo, sensibilizá-la para essa dimensão socioestrutural da caridade. Esse deve ser um compromisso de toda comunidade eclesial, e não apenas das pastorais sociais. E isso se pode fazer de muitas formas: ajudando-a a compreender o caráter pecaminoso de determinadas tradições, normas, leis e instituições, bem como o caráter espiritual e evangélico das lutas por justiça social, não obstante seus limites e suas contradições (presentes também em todos os âmbitos da comunidade eclesial!); fortalecendo (também economicamente!) as pastorais, os movimentos e organismos eclesiais que se engajam mais diretamente nas lutas e organizações populares; apoiando as reivindicações e as organizações locais e nacionais que lutam pelos direitos dos pobres e marginalizados; dinamizando na base as atividades e movimentos de caráter socioestrutural assumidos pelo conjunto da Igreja: campanha da fraternidade, semana social, grito dos excluídos, plebiscitos populares, tribunais populares, projetos de lei de iniciativa popular, abaixo-assinados etc.

Além do mais, é muito importante potencializar o grande *kairós* que estamos vivendo com o ministério pastoral do papa Francisco em seu empenho por uma "Igreja em saída para as periferias", por uma "Igreja pobre para os pobres", pelo "cuidado com a casa comum". Precisamos fazer sua voz profética ecoar dentro de nossas comunidades, pastorais, paróquias e dioceses, despertando-as e desinstalando-as dessa doença espiritual que é a indiferença aos clamores do mundo e o fechamento egoísta e narcisista em torno de interesses institucionais.

Sociedade

No que diz respeito à nossa sociedade e ao momento que estamos vivendo, há um conjunto de desafios e tarefas que precisam ser assumidos e dinamizados pela Igreja em parceria com várias organizações populares e várias forças sociais comprometidas com a causa dos pobres e marginalizados.

Em primeiro lugar, é preciso ficar muito atento para que a crise econômica e, sobretudo, política que o Brasil está vivendo não seja ocasião de um retrocesso social ante o pouco que se conquistou em termos de políticas sociais no Brasil nas últimas décadas. Não podemos aceitar nem nos render à tese das elites e seus "cientistas" de plantão de que as políticas sociais são o principal responsável pelo desequilíbrio fiscal e pela crise econômica atual, tampouco podemos aceitar o ajuste fiscal proposto pelo governo, pois mais uma vez os pobres é que vão pagar a conta. Ninguém fala de taxar as grandes fortunas, da sonegação de imposto, dos gastos com pagamento de juros da dívida, de auditoria da dívida pública etc. Só se fala de redução de imposto, de redução do estado social. Precisamos reagir a mais essa investida neoliberal das elites.

Em segundo lugar, é preciso somar esforços e retomar a construção de um projeto verdadeiramente popular para o Brasil. Um projeto que realize *reformas estruturais* necessárias e urgentes: reforma agrária, reforma urbana, reforma tributária, auditoria da chamada dívida pública, reforma política, reforma do judiciário, democratização da comunicação. Um projeto articulado com as lutas por *terra/território* (reforma agrária; luta contra transgênicos, agrotóxicos e grandes projetos; defesa e garantia da soberania alimentar e nutricional; resgate e valorização das sementes crioulas/nativas; defesa dos territórios de povos e comunidades tradicionais), *teto* (direito à cidade – reforma urbana; direito à moradia) e *trabalho* (defesa dos direitos sociais e trabalhistas; combate ao trabalho escravo; economia popular solidária). Enfim, um projeto ecossocial, na linha de uma ecologia integral, baseada na justiça socioambiental, como propõe o papa Francisco em sua profética encíclica *Louvado seja*, "Sobre o cuidado com a casa comum".

E, em terceiro lugar, é preciso ficar bem alerta aos "sinais dos tempos", no que diz respeito aos processos sociais de resistência à ordem social vigente e luta pela transformação da sociedade através da garantia de direitos dos setores pobres e marginalizados da sociedade. Tanto pelo valor que esses processos têm neles mesmos enquanto lutam pela garantia de direitos fundamentais de setores marginalizados quanto por seu potencial transformador mais amplo no processo de articulação e constituição de uma força social capaz de interferir na estruturação e organização da sociedade. Aqui não há receita. Não se pode estar preso às formas clássicas de luta e organização social. É preciso muita ousadia e criatividade no processo de reinvenção de nossa vida coletiva. Valeria a pena considerar aqui a importância e a urgência daquilo que o sociólogo Boaventura de Sousa Santos tem chamado "uma sociologia das ausências e uma sociologia das emergências" em suas investigações sobre "A reinvenção da emancipação social" no contexto da globalização neoliberal.[28] É preciso estar despertos e vigilantes.

---

[28] Cf. SANTOS, Boaventura de Sousa. "Por uma sociologia das ausências e uma sociologia das emergências". In: SUSIN, Luiz Carlos (org.). *Teologia para outro mundo possível*. São Paulo: Paulinas, 2006, 169-217.

O Espírito sempre nos precede e nos surpreende, abrindo caminhos inusitados e inesperados e, normalmente, a partir de baixo, das vítimas da história. Também aqui vale e urge a provocação e convocação do papa Francisco por uma "Igreja em saída para as periferias"...

Impresso na gráfica da
Pia Sociedade Filhas de São Paulo
Via Raposo Tavares, km 19,145
05577-300 - São Paulo, SP - Brasil - 2018